こじれたインナーチャイルドを
正しく愛して最速で幸せになる！

心の中の悪魔ちゃんとうまくつきあう方法

長南華香
Chonan Hanako

すばる舎

こんなに愛しているのに、どうして振り向いてくれないの?
一生懸命仕事をしているのに、どうして評価してくれないの?
ここまで尽くしているのに、どうして感謝してくれないの?
いつも子育てをがんばっているのに、どうして褒めてくれないの?
私のほうがガマンしているのに、どうして謝らなければいけないの?

がんばっているのに、いつだって空回り……。

誰よりも努力して、誰よりも相手のことを考えて、礼儀正しく、真面目に生きているのに、現実は、人間関係・恋愛・親子関係・仕事・お金でのトラブル続き。

どうして、私ばっかりこんな目に遭うの？

「努力は報われる」っていうけれど、まったく報われないじゃない！

ねぇ、いったいどうして？

神さま、助けて〜〜！！！

これは、みなさんの心から聞こえる叫び声です。

平然な顔を装いながらも、心の中で悲鳴をあげている人たちが、なんと多いことか。

そして、「がんばっているのに報われない」と思っている人たちに共通していることがあるんです。……それは、**「悪魔」**の存在。


悪魔とはズバリ、あなたの中に存在している「闇」そのもの。

怒りや悲しみ、憎しみが渦巻いた、魑魅魍魎《ちみもうりょう》でブラックなあなた自身。

そんな自分を本当の自分とは認めたくないから、悪魔を見て見ぬふりをして、世間的ないい子を演じています。

たいていの場合、「いい子」を、子どもの頃から続けてきているので、本人も「いい子＝自分」だと思っているのです。


でも、ちょっと待ってください!!

もし本当に、自分の中に悪魔がいないのなら、人生にトラブルは起こらないし、すべてスムーズなはず。でも、現実がうまくいってないのなら、クサいものにフタをして、「いい子」を演じて、「悪魔」な部分を見ていないだけなのです。

クサいものにフタをして、と言いましたが、まさに言葉の通り、いい子のフタの下には、人生を停滞させる劇薬が隠れています。

もし今あなたが、がんばればがんばるほど空回りしていると感じているのなら、それは「悪魔ちゃん」が暴れている証拠にほかなりません。

しかし、じつはこの悪魔、扱い方によっては、あなたの人生をひっくり返してくれる、幸せのスパイラルへ導く良薬にもなるのです。


この本では、悪魔ちゃんとは何か、悪魔ちゃんと向き合う方法をお伝えし、最終的に、悪魔ちゃんを味方につけて、あなたが最速で幸せになれるように導いていきます。

あなたの中の悪魔ちゃんと向き合って、うまくいかない人生から卒業しませんか？

さあ、これから、「ありのままのあなた」に戻り、本当の幸せを手に入れる旅に出かけましょう♡

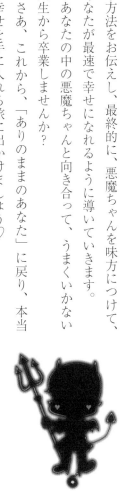

contents

第1章 がんばっているのにうまくいかないのは「悪魔ちゃん」のせい？

第2章 「魂の課題」を教えてくれる、目に見えない存在たち

第3章 人生を急展開させる、悪魔ちゃんの育て方

第4章

「本音」を攻略すれば、もう人間関係に困らない！

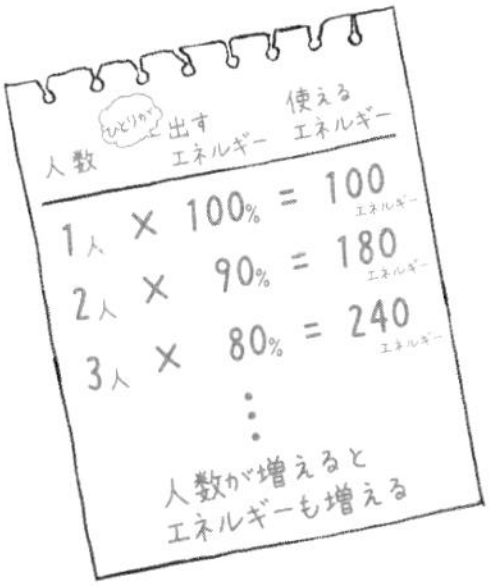
人数
ひとりが 出す エネルギー
使える エネルギー
1人 × 100% = 100 エネルギー
2人 × 90% = 180 エネルギー
3人 × 80% = 240 エネルギー
人数が増えると エネルギーも増える

第5章 「最高のパートナーシップの種」は自分の中に

第6章

心の闇と向き合えば、「本当にやりたいこと」が見つかる！

カバーデザイン●小口翔平＋喜來詩織（tobufune）
本文デザイン●二ノ宮匡
イラスト●長南華香
編集協力●RIKA（チア・アップ）
編集担当●林えり（すばる舎）

＼心の中にいる悪魔ちゃんってこんな子／

悪魔ちゃんとは

あなたの人生をこじらせ
スムーズに進ませない
心の中の暴れん坊。
でも人生を好転させる鍵を持ち、
幸せへと導くあなたの**助っ人**なのです。

▶▶▶ 悪魔ちゃん度チェックは44ページへ

第1章

がんばっているのに
うまくいかないのは
「悪魔ちゃん」のせい？

「見せかけの幸せ」をつかみたいと思っていませんか？

本当の幸せは「自分らしく生きること」

「素敵な人と巡り会って、幸せな結婚がしたい」

「仕事で成功してお金持ちになりたい」

「年に2回は海外旅行したい」

こんな幸せを思い描いている読者の方もいらっしゃることでしょう。


たしかに素敵な願い。憧れの生活ですよね。

でもちょっと待ってください。

それって、本当に本音からの願いでしょうか？

世間的にうらやましがられるから、周りからいい評価をされるから、その幸せをつかみたいと思っていませんか？

だとしたら、それは「見せかけの幸せ」です。

そして、もしあなたが「見せかけの幸せ」をつかみたいと思っているのだとしたら、それは「本当に自分が望んでいるものがわからない」証拠でもあるのです……。

じつは本当に自分が望んでいることは、あなたの心の奥のほうに大切にしまわれています。壊れないようにそっと……。

だから、自分を深く見つめていったその奥で、はじめて出会うことができるのです。

逆に、自分自身から逃げていると、本当の望みがわからないため、見せかけの幸せを「本当の幸せ」と思ってしまい、いつまでも偽《にせ》の幸せを追いかけるハメに……。

つまり、心の奥にある、あなたの本音を見ないかぎり、「見せかけの幸せ」がほしくなってしまうんです。

「結婚、出世、お金持ち＝素晴らしいこと」と思いがちです。もちろん、それ自体も幸せのひとつですが、魂の目指すゴールではありません。

どんな人にも共通する魂のゴール、それは「自分らしく生きていくこと」。

周りの人からなんと言われようと、自分らしく生きられたら、それこそが本当の幸せなのです♡

「どうしたいのかわからない人」が急増中！

「自分らしく生きていきたいけど、何が自分らしさかわからない……」

そういう方もたくさんいらっしゃいます。

私はこれまで親子セラピストとして、全国で講演会を開催し、400人を超える受講生を育て、約1万人のカウンセリングを行ってきました。

しかし、たいていの人は、「見せかけの幸せ」を「本当の幸せ」と勘違いして迷子になっています……（汗）。

子どもを持つお母さんと接する機会が多いのですが、親子関係や人間関係に悩んでいる人ほど、自分はどうしたいのか、自分の本当の気持ちがわかりません。

そこで、私は相談者の本音を探るべく、その方の魂の声や胎内記憶、過去世にアクセスしながら、スピリチュアルセッションを行っています。

なぜ子どもがあなたを選んだのか、逆にあなたはなぜその親を選んだのか。人生のテーマや、持って生まれた使命をひも解きながら、成長をブロックしている思い込みを見つけます。その**思い込みを変化させることで、家族関係、人間関係、お金などの問題を好転させていくことができる**のです。

セッション中、神さま（自分の中の「内なる神さま」のこと）は、相談者に必要なメッセージをビジョンで見せてくれたり、声で聴かせてくれたり、言葉として降ろしてくれたりと、さまざまな方法で教えてくれます。

その内容を相談者の方に伝えると、みなさんハッとして、本当の自分らしさに気づかれることがほとんどです。


そんな私も、以前は自分らしさがわからなかった1人でした。

物心ついたときから霊的な能力がありましたが、それを特別なこととも思わず、みんなオーラが見えたり、神さまと話せると思っていたのです。

だから、なんの疑問も持たず、自分が見えているものや、神さまが言っていることをそのまま話していたところ、周りからは「変わった子」と言われるようになり、どんどん自分の本音を隠すようになっていきました。

自分の本音を隠すうちに、私自身も自分らしさがわからなくなり、人間関係などでトラブルを起こすようになっていったのです。

そうした状況をなんとかしたいと、心理学、脳科学、精神世界などあらゆるジャンルについて学んでいきました。

人生を好転させる鍵は「悪魔ちゃん」と向き合うこと

その中でも熱心に学んだのが**「インナーチャイルド」**。

インナーチャイルドとは、**「自分の中にいる内なる子ども」**のことです。

幼少期に否定されたり、傷つけられたりした経験が、大人になっても根強く残り、その内なる子どもが、人生のパターンや思い込みをつくるとも言われています。

心の中にいるその子を見つけ出し、話を聴いたり、寄り添ったり、受け入れたりすると、自分自身が癒され、現実も変わっていくのです。

この事実を知ったとき、私は衝撃を受け、必死に自分自身の癒しを進めました。

しかし、**どんなに寄り添ってもなかなか癒されないインナーチャイルド**を自分の中に発見。

改善の気配が見られず、同じ失敗を何度も何度も繰り返す日々……。

「これはおかしい」と思っていたとき、インナーチャイルドについて教えてくれていた先生やセラピストさんなどから、「インナーチャイルドの気持ちに寄り添うだけでなく、たまには喝を入れたほうがいいよ」と教えていただきました。

実際に自分の心に向けて喝を入れてみたところ、どんどん悩みが解決し、現実的な動きが早まるという現象が起こりました。

このことから、**インナーチャイルドには、受け入れるだけでは到底癒されないこじれた存在＝「悪魔ちゃん」がいる**とわかったのです。


ただ、インナーチャイルドに対して、どういうときに喝を入れればいいのか、どういう場合は優しく接したほうがいいのか、その見極めはとても難しいもの。

そのあたりのさじかげんについては、これまでの人生で学んだこと、教えてもらったこと、神さまからの手ほどきを通して、私自身が練習を重ね、悪魔ちゃんとのつきあい方を習得していきました。

この本では、私やクライアントさん、受講生さんの体験も交えながら、悪魔ちゃんについて、くわしくお伝えしていきますね。

心の中にいる「天使ちゃん」と「悪魔ちゃん」

誰もがみな「お母さんを喜ばせたい」

私たちは程度の差こそあれ、お母さんとの関係につまずくことがとても多いです。

お母さんが浮かない顔をしていると、

「お母さんを喜ばせなきゃいけない」

「お母さんの期待には応えなければいけない」

「お母さんを悲しませてはいけない」

「お母さんを怒らせてはいけない」

と思うようになります。

子どもは親がいないと生きていけないため、親の機嫌を取ろうとする、という説もあります。

また、胎内記憶の観点から言うと、誰しも「お母さんを助けたい」という願いを持って生まれてきます。自分がいい子になることでお母さんを喜ばせようとしているのです。

そのため、自分の悲しみやつらさやさみしさなど、ドロドロした感情を抑え込むための、**「いい子のフタ（蓋）」**を持ちます。

いい子でいると、一見、親思いの子に見えますが、自分の本音を隠しているので、怒りや悲しみ、罪悪感などが生まれます。

これが、「インナーチャイルド」となり、癒されるまで心の中に住みつき、大人になっても人間関係をはじめ、あらゆるトラブルを起こさせる原因となっていきます。

なかなか成仏できない悪魔ちゃん

このインナーチャイルドは、２つのタイプがいます。

ひとつは「天使ちゃん」、もうひとつが先ほどからお話ししている「悪魔ちゃん」です。

天使ちゃんは、素直で物わかりのいいインナーチャイルド。

「つらかったね」「さみしかったね」と共感してあげると、癒されて「うん、わかってくれてありがとう」と言って、成仏していきます。

やっかいなのは、「悪魔ちゃん」。こじれたインナーチャイルドです。

何度共感してあげても、成仏してくれない。

一瞬おとなしくなっても、またぶりかえしていじけたり、すねたり、怒ったりするので、手に負えず、そのまま放置されていることがほとんどです。

悪魔ちゃんは、心の奥の深いところにいます。別名「潜在意識・深層意識」と言われる、私たちが自覚していない意識のことを指します。

どんなにポジティブに考えようとしても、不安でいっぱいになることってありませんか？

それは、潜在意識の中に失敗を恐れたり、保証がないと安心できないなどの思い込みが入っているからです。つまり、いくら頭で「こうしよう」と思っても、自分の思い込みが変わらないかぎり、気がつけばいつも同じパターンにはまってしまうというわけです。

よく「現実は自分がつくっている」と言われますが、それは、潜在意識に入っているものが現実をつくるという意味なんですね。

感情を抑圧してきた人ほど危険！

天使ちゃんと悪魔ちゃんは、一見、見分けがつきません。

どのインナーチャイルドも天使ちゃんに見えますが、共感して癒されなかったら、悪魔ちゃんです。

そして、悪魔ちゃんは天使ちゃんのもっと奥にいます。

この悪魔ちゃんは、じつは「いい子のフタ」の下に隠れているんです。

本来、怒りや悲しみといった感情は、いい子のフタの上にあり、「今、自分は怒ってるな」「今、悲しいんだな」と、自覚できるものです。

しかし、子どもの頃から自分の気持ちを抑圧していると、今感じている感情さえも、いい子のフタの下に回り込んでしまい、自分の気持ちを感じることが難しくなっています。

そのため、どうして自分がイライラしているのか、どうしてモヤモヤするのかわかりません。

抑圧してきた人ほど、悪魔ちゃんの数も多いもの。

すなわち、抑圧してきた感情のぶんだけ、悪魔ちゃんが生まれているのです。

本音にたどり着いたとき、「神力」が発動する

いい子のフタの下にいる悪魔ちゃんと向き合わなければ、自分の本音はなかなかわかりません。

悪魔ちゃんと向き合って、本音にたどり着き、「自分はこんなふうに思っていたのか」とわかった瞬間、多くの人が愕然とします。

なぜなら、頭で思っていたことと全然ちがうことが出てくるからです。

と同時に、「本当の思いを叶えてあげ

たい」とも思うはず。

それは、**「いいことも悪いことも、人生は、本当に全部自分の思い通りになっている！」**ということが理解できるからです。

ここに気がつくと、**「神力」**が発動します。


私たちに起こるすべての経験は、神さまから手渡されたものです。

その経験にひとつひとつ向き合って掘削作業をしていくと、「本音」という源泉にたどり着きます。

そして、本音にたどり着いたとき「神力」が発動して、人生は思い通りになっていくのです。

「こんなことをやってみたい！」を阻んでいるものとは？

エネルギーの空回り現象が起きている!?

私たちにはみな、「こんなことをやってみたい！という生きるエネルギー」＝「神さまからのエネルギー」が備わっています。

この神さまからのエネルギーは、温泉でたとえるなら「源泉」。

私たちは、生きる力やつくりたい未来を、源泉からどんどん吹き出させています。

源泉は神さまとつながる場所。未来は神さまとの共同創造です。

でも、その源泉の吹き出し口が汚れていたらどうでしょう？

せっかく源泉から「やる気」や「がんばり」のエネルギー、神さまのパワーを出していても、お湯の吹き出し口が汚れて詰まっていたら、そのエネルギーを100%は使えないですよね。せっかく水質が良くても、水量も弱く、お湯をわき出しても淀んでしまうし、露天風呂の中に入れる状態になりません。

がんばっても人生がうまくいかないのは、まさにこんな状態。

一生懸命仕事しているのにうまくいかない、お金も回らない。どんなに努力しても夫婦関係も子育てもうまくいかない……。

エネルギーを使っているわりに、ほとんど実りがない、「空回り現象」が起きているのです。

いつも無意識に考えている「最悪なシナリオ」

では、吹き出し口が詰まってしまう原因とはなんでしょうか?

その理由は大きく分けて次の2つ。

ひとつ目は **「そもそも源泉の吹き出し口の存在に気づいていない」**。

源泉の吹き出し口って奥のほうにありますよね。温泉の地下にあるので、なかなかこの場所の淀みに気づけません。

2つ目は**「吹き出し口が詰まっている根本的な原因がわからない」**。

吹き出し口は温泉のお風呂のスタート地点。しっかりお掃除してキレイにしないと、いくらがんばっても空回り、ということはおわかりいただけたと思います。

この吹き出し口の汚れとは、ひと言で言うと**「思いグセ」**。

「どうせうまくいかない」「結局、足元をすくわれる」などと、最悪なシナリオを無意識ながら考えているのです!!

ここでとても大切なのは、**この「思いグセ」のはじまりは何か?**です。

じつはこのはじまりこそ、子どものときの体験なのです。

幼少期にイヤだったこと、ショックだったこと、親から言われて悲しかったことが大人になってからも強く影響していきます。

このときに生まれた、癒されない子どもの自分が、先ほどからお話ししているインナーチャイルドです。

このインナーチャイルドが心の傷として源泉にこびりついているのです！

傷ついたインナーチャイルドを「見つけて、癒す」

そうとなれば、この吹き出し口。掃除をしていかないと、人生が回っていかないですよね。すなわち、ここに鎮座する、傷ついたインナーチャイルドを

1　見つける
2　掃除する（癒す）

ことが必要です。

【1　見つける】

もし今、不安や心配があったとしたら、その気持ちにしっかり寄り添い、どんな状態であっても受け入れましょう。「大丈夫だよ」と、怖かった経験や思いを抱きしめ

ていくと、深まったところにいるインナーチャイルドが出てきます。

【2 掃除する】

インナーチャイルドの話を聴き、その子の望むことをイメージの中で叶え、過去の出来事の印象を上書き保存します。

これで、こびりついた傷が癒える＝お掃除したことになり、キレイなお湯が吹き出してくるのです。

後章でくわしく説明しますが、**私たちは顕在意識と深層意識の間に、「受け入れられない」という思いや怒り、悲しみ、「いい子でいたい」という思い、「あきらめの気持ち」など、さまざまな思いをためています。**この思いをひとつひとつ取り出して見ていくことで、汚れを取り除くことができます。

不安が募ると、愛情が「悪魔化」してしまう

しかし、なかには吹き出し口に、固くこびりつき、簡単には取り除けない、「岩」

顕在意識
お湯＝人生
受入れられない・怒り
Step 1
がっかり・悲しみ
Step 2
いい子・あきらめ
Step 3
岩
Step 4
源泉
深層意識
本音
神力発動

のようになった汚れの塊があります。これが**「悪魔のインナーチャイルド」**です。

岩になると、なかなかインナーチャイルドの傷も癒えず、お掃除が進みません。

でも、どうして「岩化」してしまったのでしょうか？

それは、ひと言で言うと、**「ずっと放置して目をかけなかったから」**。

気づかないうちに汚れをためて、固まってしまったのです。

見てもらえなかった、わかってもらえなかった状況に対して「すね」てしまったり、「あきらめ」や「どうせ私なんて」のようなひねくれた感情が生まれ、最後にはキレイなお湯を妨げる岩となってしまったのです。

恋愛でたとえるなら、大好きな恋人があなたに全然連絡してくれない、こちらから連絡しても未読・既読スルーが続いたとき、「もういいよ！　別れてやる。どうせ私が嫌いなんでしょ。ふん」ってヘソを曲げたり意固地な気分になりますよね。

こんな混沌とした思いが増大すると、愛が憎しみに変わり、悪魔化するのです。

そうなると、手強くなるのはおわかりですよね（笑）。

だから、表面だけお掃除してキレイな温泉にしようとしても、いっこうに温泉はキレイにならない。

こんなふうに傷ついたインナーチャイルドは淀み、岩になって、源泉までふさぎ、人生の邪魔をしているんです。

病気は「本当の自分」からのSOS

心のメンテナンスを後回しにしない

悪魔ちゃんをほうっておくと、やがて体の症状として現れるようになってきます。

体はとても正直なので、自分に嘘をついていると反応するんですね。

たとえば、すごく好きな人を無理やり嫌いになろうとすると、胸がキューッと痛くなりますよね？　それは、嘘をついているから痛いのです。これを放置しておくと、心臓のあたりが痛くなったりして、体が訴えてきます。

どんな嘘をつくと、体のどの部分に出るかは、パターンがあります。

たとえば、お高くとまっていたり、嘘をついてイニシアチブをとろうとすると膝が痛んだり、自分が進むべき方向と別の方向に進んでいると腰が痛くなったり。言いたいことを言えずにガマンしていると声が出なくなったり、喉が痛くなったりします。

こんなふうに、体って素直に反応するのです。だから、体のどこかに症状が出たときは、自分に嘘をついてないか確認するチャンス。

悪魔ちゃんの声を聴いて、自分の本音を探し出してあげてくださいね。

私たちは熱が出たり、風邪をひいたりすると、睡眠をたっぷりとり、家でゆっくりして、体のメンテナンスをします。普段でも、肩がこったらマッサージに行ったり、爪が伸びたら切ったりしますよね。

こんなふうに、目に見えてわかるものに対しては、ケアができるのですが、心の状態は目に見えないので、メンテナンスを後回しにしがちです。

でも後回しにすると、心のクセはすぐに元に戻ってしまうので、悪魔ちゃんが出しゃばり始めます。言わばリバウンドしやすいのです。

そうやって、なかなか自分を変えられない状況が続いてしまいます。

だからこそ、**常に「自分の本音は何？」と問いかけ、心をメンテナンスすると決めてください。それが人生に奇跡を起こす大きなコツ**です。

人に気を使うより、自分への愛に使う

長年染みついた心のクセはほうっておくと、「あの人のせいでこんなことになった」「本当はイヤだけど、断って関係が悪くなりたくないから、引き受けよう」など、本音とかけ離れたことを考えてしまいます。

その考えは本音から来ているもの？
今、私は本当にこの状況を望んでいるの？
誰かに気を使って、いい人を演じていない？

日々チェックをしていると、トラブルに巻き込まれることは少なくなります。
なぜなら、本音に気づくためにトラブルは起こるからです。

スポーツも練習を積んでこそ上手になりますよね。本音もそれと同じで、自分の気持ちを意識的に感じる訓練を積んでこそ、わかるようになるのです。

常に自分自身に問いかける習慣がつけば、神さまとの出会いもすぐそこです。

人に気を使うより、自分への愛に使う＝本音を大切にする！

人生にたくさんの奇跡が降り注ぐようになるので、楽しみにしていてくださいね。

あなたの「悪魔ちゃん度」をチェックしてみよう！

傾向を知っておくと、人生が圧倒的にラクになる

ひょっとしてあなたの中にも悪魔ちゃんがはびこっている？

あなたの人生をスムーズにさせない悪魔ちゃん度はどれくらいでしょうか？

次のページのAとB、2種類のチェックシートで、それぞれの思いあたる項目にチェックを入れてみてください。

（項目によっては、「旦那さんや親にはするけど、友だちや職場の人にはしない」など、相手によって迷うことがあると思いますが、誰か1人に対してでもしている場合はチェックを入れるようにしてくださいね！）

□ひとりよがりな考え方をしてしまう

□助けてもらったり、甘えたら負けだと思う

□ダダをこねても自分のしたいもの、ほしいものを貫き通す

□ゆずらない頑固なところがある

□「私は悪くない（相手が悪い）」という思いが強い

□高飛車な態度を取ってしまうことがある（マウンティングしてしまう）

□教えてやろう、助けてやろうなど、人に「〜してやろう」と思う

□嫌いな人、苦手な人はいない

□人を束縛したくなる（コントロールしたくなる）

□「あなたは黙ってて！」と言いたくなる。もしくは言ってしまう

□すぐに反発心が出てくる

□「私は1人でなんでもできる」と思う

□「なんでわかってくれないの？」と思う

□「私は変わっているから人とちがうのはしょうがない」と思う

- □ 苦手なことは自分以外の誰かがやればいい
- □ 思ったことをすぐ口にしてしまう
- □ 私はえらいと思っている
- □ 自分に甘く、相手に厳しい
- □ 感情的になってすぐに怒る、イライラする、カッとなる
- □ 家事や育児にやる気が見出せない

B

- □ 「どうせ私なんて」と自分を責めてしまう
- □ 感情の浮き沈みが激しく、落ち込みやすい
- □ つい食べすぎてしまう
- □ お金を使いすぎて、よけいなものまで買ってしまう
- □ 先のことや誰かのことをすぐ心配してしまう
- □ 悪い妄想が止まらず、悪いように考えてしまいがち

□ すぐ凹む
□ 人に頼ってしまう
□ コロコロと意見が変わる
□ 同情してもらったり、かまってもらいたい
□ 物事をややこしく捉えてしまう、もしくはややこしくしてしまう
□ 人になかなか心を開けない
□ 努力に逃げる、または自分に厳しい
□ 人の目を気にする
□ すぐにあきらめてしまい、何事も長く続かない
□「何かが足りない」という思いがいつもどこかにある
□ みんなに好かれたい
□ 事なかれ主義
□ 愛されるためにがんばる
□ 好きな人に告白したことがない

A、B両方のチェックの入った数を合計して、悪魔度数を見てみましょう。

1〜8個　悪魔度：20%

幸せを遠慮しないで。自分をもっと好きになって受け入れることで、ありのままのあなたらしくいられる時間が長くなり、人生がラクに流れ出します。

あなたの中の悪魔ちゃんを見つけて、もっと仲良くなっていってね♡

9〜16個　悪魔度：40%

自分の本音を見つけて、大切な人に伝えてみましょう！　きっと世界が美しく変わっていきます。

そして、ダメなものと良いものを見極めて、悪魔ちゃんに愛と喝を入れていってね。

17〜24個　悪魔度：60%

天使のあなたと悪魔のあなたが行ったり来たり。

イヤな自分も今のあなた。どんな感情も出来事もしっかり見て、自分の中で統合していきましょう！

これから先はもっと良くなる。もっと幸せになるから安心して進んでね！

25〜32個　悪魔度：80％

むむむ。悪魔ちゃんにかなり占拠されている⁉

自分の言動を日々意識していくことが大切です。

幸せになるコツは、寝る前に今日1日のあなたの行動、言動を振り返ってみること。

プチ日記もオススメ。

33〜40個　悪魔度：100％

ヤバイ‼　悪魔に乗っ取られている可能性大（笑）！

正しく悪魔を愛して育てていきましょう。今こそ人生を根こそぎ変化させる最大のチャンス！

大丈夫！　さぁ、腹を決めて、最上の幸せへ出発進行！

いかがでしたか？

たとえ悪魔ちゃん度数が高くても、悲観的にならなくて大丈夫です。

悪魔ちゃんを知るということは、これからもっともっと幸せになれるというサインでもあるのですから♡

ちなみにAが多かった人は
「他人責め」の傾向が……。

Bが多かった人は
「自分責め」の傾向が……。

このように、悪魔ちゃんには、「他人責め」「自分責め」と大きく分けて2つの性質があります。

また、先ほどもお伝えした通り、相手によって変わる人（問題が起きたときに、旦那さんに対しては、旦那さんのせいにするけど、職場の人に対しては自分のせいにする）など、２つの顔をあわせ持った悪魔ちゃんも、たくさん存在しています。
というのも、悪魔ちゃんは、１人ではないからです。

人間の持っている感情は語彙の数ほどあるそうです。
つまり、悪魔ちゃんでも、強気で自分勝手な子や、ハイブリッドの子、引っ込み思案で弱くてビクビクしている子など、いろんな顔を見せてきます。

ですので、自分の中の悪魔ちゃんの傾向を知っておくと、この先がとても進みやすくなってきますよ！

闇の奥に広がる、愛の世界

悪魔ちゃんは神さまへの橋渡し役

悪魔ちゃんが成仏するとどこに行くのでしょう?

それは、神さまの世界、愛の世界です。

あとでくわしく説明しますが、**私たちは愛の世界を体験し、自分が神さまであることを思い出すために生きています。**そのためには、自分自身と向き合うこと、つまり、悪魔ちゃんと向き合うときがやってきます。

悪魔ちゃんの奥に控えているもの、それは、「神さま＝愛」なのです。

神さまは感情がクリアになったその奥にいるので、神さまに出会うためには、本音

がんばっているのにうまくいかないのは「悪魔ちゃん」のせい？

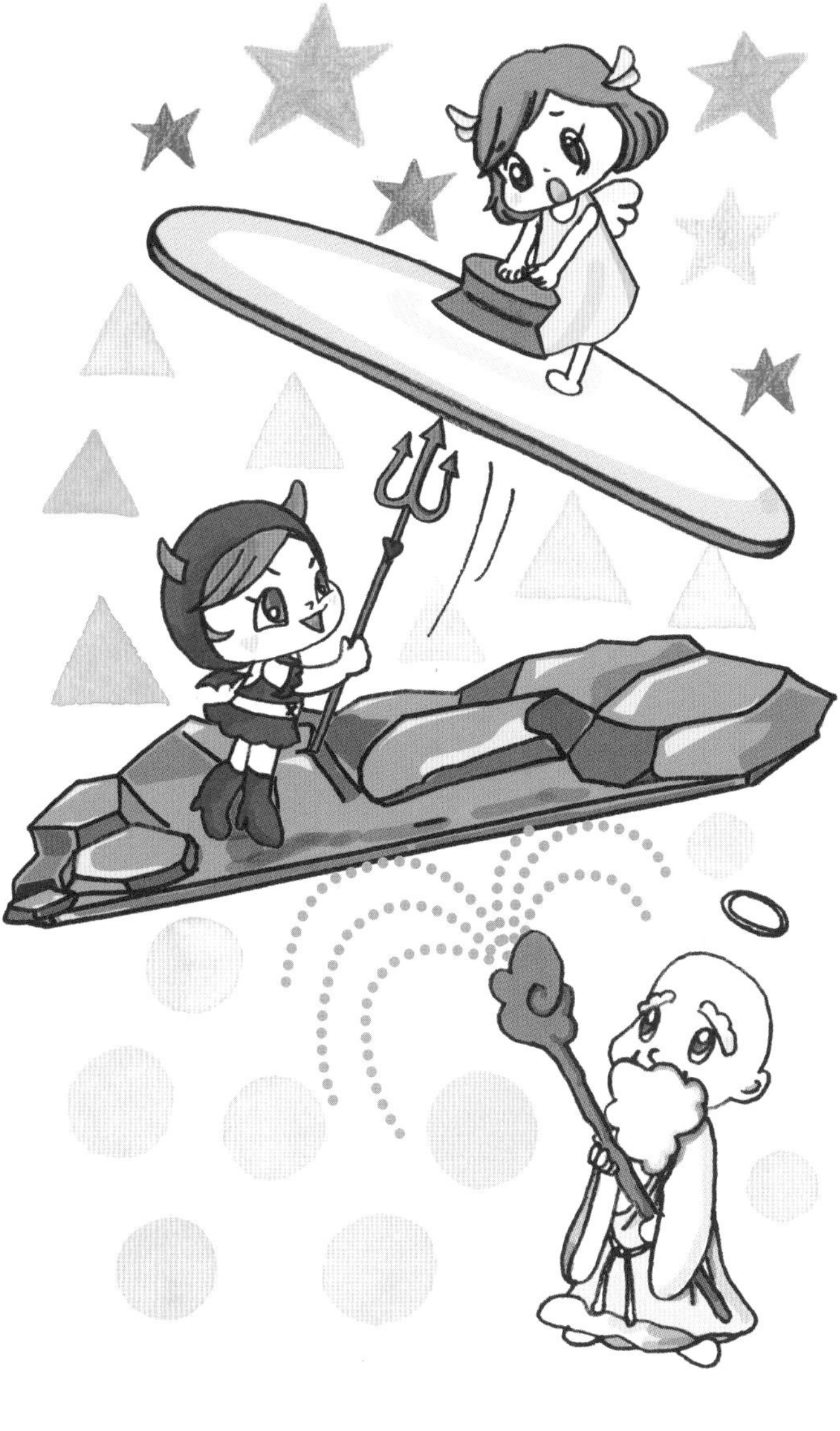

を知ることが大切です。

本音がわかると、それが鍵となって、神さまの世界の扉が開かれる……。

つまり、自分を知って神さまにたどり着くために、悪魔ちゃんが橋渡ししてくれているのです。


悪魔ちゃんと向き合うと、本当の望みも見えてきます。

なぜなら、本当の望みは、愛の中にあるからです。

悪魔ちゃんは、あなたを愛に導く、じつに頼もしい存在なのですね。

悪魔ちゃんと向き合う方法は、第3章にもっとくわしく書きました。

さあ！　これからあなたに最速で幸せになる根本改善の大事な鍵をお渡しします。

どうぞ期待して先を読み進めてくださいね。

悪魔ちゃん ポイント1

「過去の記憶」という情報でできているのが私たち。
けれど、この過去の記憶は、「バグ」が起きやすい。
この「バグ」の元が悪魔ちゃん。
ウイルス対策ソフトで修復して、
すっきりさっぱりバグを削除しましょう！
人生もサクサク流れて、
幸せもスピードもアップします♡

第2章

「魂の課題」を教えてくれる、目に見えない存在たち

私たちがこの地球に生まれてきた意味

「愛とは何か、自分とは何か」

前章を読んで、悪魔ちゃんと向き合う覚悟ができましたか？

この章では私たちがこの世に生を受けた理由、近くで見守ってくれている目に見えない存在たち、そして「悪魔ちゃんの正体」について、くわしく見ていきます。

私たちはこの地球に生まれる前、もともと大きなひとつの存在でした。

「ワンネス」という言葉を聞いたことがある方もいらっしゃるかと思いますが、**体を持つ前は、私もあなたも区別のない光の存在、すなわち、愛であり、神さまだった**のです。

とても穏やかで、悩みなど一切存在しない、幸せだけの世界。

そんな何不自由ない素敵な世界から、なぜ私たちは地球に生まれてきたのでしょうか？　それは、「愛とは何か、自分とは何か」を知るためです。

たとえば、お金持ちの家に生まれて、好きなだけお金を使える環境にいたら、お金のありがたみがわからないですよね。

それと同じように、愛のみの世界にいると、愛とは何かがわかりません。ちがいがないと、「自分とは誰か」がわかりません。

そこで、３次元の地球で肉体を持って別々になることで、ひとつではない状態を味わいながら、それぞれの経験をするためにここにいるのです。

分離の世界では、「自分」と「他人」が存在し、さまざまな感情が生まれます。

怒りや嫉妬、罪悪感など、愛の世界には存在しなかった感情によって、私たちは苦しんだり、悩んだりします。そうした経験を通して、「愛を知る、自分を知る」プロセスを楽しんでいるのです。

地球を生きるには「おもり」が必要

でも、ここでなぜ悪魔ちゃんが生まれるのかというと、ズバリ!! 地球で生きるためです。

そもそも、ワンネスという、大きなひとつの存在から分離した私たちは、誰もが内なる光を持つ神さまの延長であって、愛そのもの。

けれど、その純粋な光だけだと、私たちは軽すぎて地球という物質世界で生活していくことが困難になってしまいます。なので、あえて、地に足をつけるために、「おもり」が必要になるのです。

その「おもり」となるのが、トラウマや、つらい経験といったもの。

たとえば、**お金のない家に生まれたり、子どもに依存するような親を選んだり、学校で友人関係や勉強で苦労したりなど、自ら難しい人生設計を持って生まれてくる**のです。

この時点で、どれだけ人間がドMかがわかりますよね(笑)。

おもりとなるつらい経験をする過程で生まれるのがインナーチャイルド。
そのインナーチャイルドがこじれると悪魔ちゃんになっていくのです。

そして、この地球は、相対性、すなわち真逆なものがないと、自分に気づけないという仕組みがあります。

闇があるから光がわかる。
男がいるから女がわかる。
不安があるから、安心がわかる。
好きがあるから、嫌いがわかる。
トラウマや苦しい傷があるから、本当にやりたいことや嬉しいことがわかる。

つまり、悪魔ちゃんと向き合うことは、自分をひも解き、「自分がなぜ、ここに生まれてきたのか」という生きるテーマを知ることにもつながります。

悪魔ちゃんを通して本当の自分の思い（本音）に気づくと、神さまにつながり、愛を知ることができる、という仕組みになっているのです。

過去世で残した課題は、現世に引き継がれる

なぜか自分に制限をかけてしまう理由

この地球で生きるために、私たちはわざわざ苦労のたえない人生設計を「おもり」として持ってくる。そして、インナーチャイルドに「自分がなぜここに生まれてきたのか」という生きるテーマをまとわせています。

正反対を体験することは、本来の生き方に向かわせる振り子のようなもの。

インナーチャイルドの「おもり」は、過去世で果たせなかった課題を、今世こそ乗り越えようと設定してくることも多いのです。

クライアントのHさんは、明るくてハキハキした社交的な性格ですが、本音で人とつきあうことができず、気がつくと周りに合わせてしまうことに悩んでいました。

仕事についても、自分の可能性をもっと追求したいと思いつつ、いつもその一歩が踏み出せず、自分の行動に制限をかけていると言います。

そんなHさんの過去世を見ていくと、自然豊かな場所で、まるでアルプスの少女ハイジのように、天真爛漫に駆け回っている少女時代の姿が見えてきました。

自由が好きで、いろいろなことを経験して、人生楽しみたい、というとても純粋な本質の持ち主です。

ところが、過去世では成長するにつれて「女性らしくふるまいなさい」「常識的な生き方をしなさい」など周りから注意されることが多くなり、自由に生きていては誰からも相手にされなくなる、愛されなくなると思うようになり、自分を押し殺した人生を送るようになったのです。

ついには、親に言われて、好きでもない相手と結婚することに。結婚先は裕福な由緒正しい家。そのため、花嫁教育を徹底させられて、いい妻を演じ、どんどん自分の本質を隠していったのです。

自分の子どもは乳母が育てて、自分では育てることができず、自分の考えを伝える機会をことごとく奪われていったようです。

もちろん、そこから逃げ出すこともできたけれど、そうしなかったのは、いい妻を演じることで、旦那さんに愛されて、おいしい食事やほしいものを手に入れることができたから。

自分さえガマンすれば、ほしいものが手に入ることを学んでしまったため、心の中では自由を求めながらも、現状に甘んじて人生を終えた過去世があったのです。

Hさんは今世はまさに過去世の正反対、自分の思いを大事にして、その世界を表現することを大きなテーマとして設定してきたのです。

過去世の傷を消す方法

このように、私たちは過去世の記憶を知らないうちに背負って生きています。

今世、どうしても前に進めない、いつも同じパターンでひっかかるのは、まさにそこが課題だからです。

そして、魂は今世でもその課題を日常生活にちょいちょいメッセージとして送ったり、陥りやすいパターンとして浮き上がらせています。

そこで、テーマを消し去る簡単な方法をお教えしますね。

① 過去世がわからなくても、今世で批判されたことや、つらかった出来事を思い出してみてください。ここがインナーチャイルドとなっています。
(例:「あんたは全然人の言うことを聞かない!」と言われたのが引っかかっている)
② 思い出したら、深呼吸をしながら、リラックスしましょう。
③ つらかった出来事を思い浮かべたら、ピンクやオレンジ色などの暖色系の色やあなたが落ち着く色の光をイメージしてその出来事を包みます。
「もうこのパターンは必要ないよ。インナーチャイルド、ありがとう。さようなら」と、楽しいイメージに上書きします。
※強く残っている課題は1回では消えないので、何度かやってみるのがオススメ♡

受講生の方たちを見ていると、28歳くらいまでに同じような経験をして、そこが人生の課題であることを思い出させるパターンが多いように感じます。

たとえば、パートナーシップの課題を持ってきている人に多いのは、不仲の両親を選んで生まれてくるケース。

親同士のいざこざを見て、「私はお互いを尊重できる夫婦関係を築きたい」と思い出させるようになっていたりします。

人生の比較的早い時期にいろいろな経験をしながら自分に向き合うと、結婚した相手が次のレベルに連れていってくれるような、いい出会いに恵まれるケースが多いのです。

魂に刻まれた課題は、ソウルメモリーとして忘れないように、今世でも同じような体験をしようとします。

そのため、いい子にしないと愛されないような親や、自由を制限されるような状況をわざと選んで、悪魔ちゃんを誕生させ、再びその問題と向き合い、人生の課題を乗り越えようとするのです。

自分を愛したときにはじめて、「無条件の愛」が得られる

両親が渡せなかった「愛」を夫がくれた

じつは、幼少期にハードな生活をしていた人ほど、理解のあるいいご主人と結婚する人が多い傾向があります。

私は、これは神さまからのギフトだと思っています。

なぜこうしたギフトが与えられるのかというと、「愛のリレー」が起きるからではないかと考えています。

そう思う理由は、私自身の体験で気づいたことがあったからです。

私の旦那さんはとても愛情深い人です。

私が悲しんでいたりさみしがっていたりすると、そっとそばにいてくれたり、いろいろな話を聞いてくれたり、家事も子育ても積極的にしてくれたり、旅行に連れていってくれたり、私が願っていることを一生懸命叶えてくれようとしたり……。

もともと優しい人なのですが、この愛情深い行動はなぜか彼だけのものじゃないように感じました。

私が「ほしい」と思う以上のものをくれて、私のすべてを包み込み、私の存在を大事にしてくれる。そこに、何か別の愛を感じたのです。

「いったいその愛の正体って何？」と思った瞬間、心の中にじんわりと私の両親の愛を感じました。

両親から愛情をしっかりもらえなかったと思い込んでいた私は、幼少期から親との折り合いが悪く、家出したこともありました。

親との摩擦によって生まれたインナーチャイルドがたくさんいたのです。

本当は両親が私にしてあげたかったことは山ほどあったけれど、現実化できなかった愛が旦那さんの愛に乗っかっているように感じたのです。

これは私が親になってわかったことですが、親は本当は子どもにもっと楽しい家庭で育ててあげたかったとか、仕事ばかりしないでもっと子どもとの時間をとってあげたかったなど、いろいろな思いがあるものです。

けれど、実現することができないと、そのエネルギーは滞ってしまいます。

滞ったエネルギーはどこかに流れるようになっているので、その子を大事にしてくれるパートナーに、親の愛が乗っかるのではないかと思うのです。

そう考えると、パートナーからの愛は、パートナーだけのものではなく、自分たちの親がしてあげられなかった愛のエネルギーも乗っかっている……。

逆もしかりで、女性が旦那さんを愛するとき、その愛は、旦那さんのご両親が叶えられなかった愛も無意識のうちに受け取って、旦那さんを愛しているのです。

まさに、愛のリレーが誰かと誰かでつながり、見えない世界で成されています♡

心の空洞に気づいたとき、「愛のリレー」が始まる

親の愛は、伴侶だけでなく、身近な人に乗っています。

たとえば、独身女性なら恋人や友人、シングルマザーなら子どもたち。

離婚した人は、元旦那さんが渡せなかった愛を子どもたちが受け取って、お母さんに渡していることもあります。


ただし、こうした愛のリレーを受け取れるのは、自分のことを愛し、いろいろな人に愛されて、愛の中で生かされていることを実感して、悪魔ちゃんが癒されたとき。

無条件に自分を愛し、人を愛し、愛を受け取れるようになると、相手への期待が外れるので、無条件の愛が温泉のお湯の循環のように巡ってくるのです。

無条件の愛がわからないと、どうしても、自分の思ったタイミングに、思った人から、愛をほしがってしまいます。

すると、「なんでもっと一緒にいてくれないの？」など心の空洞を相手の愛で埋めようと悪魔ちゃんが騒ぐので、愛のエネルギーは循環できなくなってしまうのです。

でも、それもまた必要な経験。

そんな自分に気づいたときから、愛のリレーが始まります。

子どもは「自分と同じ課題」を持つ親を選ぶ

親子とも「パートナーシップ」に悩むケースも

子どもにとって、もっとも大きな影響力を持つお母さん。
お母さんとの関係をこじらせることで、多くの悪魔ちゃんが生まれますが、子どもは親を選んで生まれてきます。まさに自分が持つ課題と同じ課題を持っている親を選んでくるのです。

生徒のRさんの課題は「パートナーシップ」。
Rさんは異性との関係になると相手に合わせてしまう傾向があり、その結果、自分らしくいられなくなって不満が爆発したり、毎回フラれて終わったりするなど、恵まれないパートナーシップを繰り返していました。

そんなRさんの今世の課題は、相手に媚びないこと。伝えたいことをしっかり言うこと。相手の反応を考えると、言いたいことがあっても怖くて言えなかったRさんですが、ここに今世の課題があると気づいて以来、自分の気持ちを抑えないように気をつけています。

Rさんには、19歳のお嬢さんがいます。

お嬢さんは、本来、意思が強く、自分のやりたいことにまっすぐ生きるタイプ。一方で、相手に遠慮する控えめなところもあり、自分を押し殺してしまう部分を持っています。まさに、ここをクリアしていくことが自分らしく生きる課題でもあるのです。

こんなふうに、親子はだいたい同じような課題を持ってきていますが、あとから生まれてきた子ども世代のほうが魂が進化しているため、子どもは子どもで、また別の課題も持ってきています。つまり、親の持つ課題は、ちょっとしたきっかけがあれば簡単にクリアできる状態。親子で同じ課題に取り組むのは時間のムダ！

子どものほうがお母さんの一歩先を行っていることがほとんどなのです。

子どもは親の背中を見て成長しますが、一方で、親も子どもに学びながら、親子で一緒に成長していくようになっているのです。

きょうだいは学び合う関係

きょうだいの場合は、**補完し合う課題を持って生まれていることが多い**ようです。

なぜきょうだいになるのかと言うと、たいていは過去世でできなかったことを一緒にやろうとしている人同士だからです。幼少期にやっておいたほうがいいという意味で、きょうだいになるという契約を結ぶのです。

生徒さんのお子さんで、16歳の娘さんと、13歳の息子さんがいる方がいます。

その息子さんのテーマを見ると、「女の人を愛すること」でした。

過去世でもっと女性を理解したいと思う出来事があり、今世では女性が人生でぶつかる葛藤など、深いところまで理解できる男性になろうと思い、生まれてきたのです。そのためのロールモデルが、姉。姉は、悲しみ、憎しみ、嫉妬など、ドロドロした感情をストレートに見せるタイプ。家では荒れたりすることもあるのですが、そういう感情も含めて、女性というものを捉えることができているのです。

また、常識にとらわれず、自分の気持ちが動くほうへ歩んでいく姉の姿から、世間的な女性らしさというものに固執することがありません。

今後、仕事でも私生活でもパートナーを組んでいく女性たちを認め、大切にしていけるように、このきょうだいの組み合わせになっているのです。

一方、姉のテーマは「男の人の力を借りながら、自分を羽ばたかせる」。

破天荒で、行きたい方向に進みながら周りを巻き込む、台風の目の部分になるような性格なので、そういった世界をわかって自由にさせてくれるパートナーシップを結びたいと思って生まれてきたのです。それはまさに、姉の姿を見ながら女性を理解しようと思う弟のような人。

自分のドロドロした感情を見せながらも、それを理解してくれる弟をロールモデルにして、お互いに理想のパートナーシップのイメージをつくりあげているのです。

相互関係があるからこそ、男女で生まれてきたのです。

結局、目の前のことに取り組むしかない

きょうだいの組み合わせにはさまざまなパターンがあります。

たとえば、行動派で頭のいい姉と、ひきこもりがちだけど無邪気な妹という、パズルのピースのようなケースもありました。

彼女たちは「お互いにないものを補完しあって新しいものをつくり出す」という人生のテーマを持っていて、人生の前半は姉が自分らしくふるまい、後半はバトンタッチで妹が自分らしさを探すというエネルギーの渡し合いをしているのです。

また、私には兄がいますが、兄は重い病気を患っています。

介護の手を頼らないと生きていけないため、自分で身の回りのことができず、相手

に行動で示すことができない兄ですが、みんなから愛されています。

私の人生のテーマは、人に頼ることができないので、「もっと人に頼る、甘えること」。病気の兄の姿を間近で見ることで、私自身、少しずつ人に頼ることができるようになり、がんばることで認めてもらおうという考え方が変わってきています。

いろいろなパターンがありますが、いずれにせよ、きょうだい同士で学び合う関係になっているのです。

私たちは過去世で果たせなかった課題を、今世の人間関係に組み込んでいます。問題を起こすことで、その課題に気づくように、人生設計をつくっているのです。

日常を生きていると、やはり目の前のことをなんとかしたいと思ってしまいますよね。でも、それでいいのです。結局、目の前のことに取り組むことからしか始まらないからです。いくら宇宙の視点を持っていても、目の前のことをおろそかにしていては、本末転倒。

だから、まずは今、自分が心につっかえていることにしっかり向き合ってみる。心の中の悪魔ちゃんと向き合うことが大切なのです。

親のことを恨んでもいい！

子どもの頃の嫉妬心が友人やパートナーを縛りつける

子どもの頃、きょうだいがいる人は「妹のほうがかわいがられていて、私はほうりっぱなし」「お母さんは、お兄ちゃんにばかり手をかけて私のことは好きじゃないんだ」など、愛情の奪い合いをしがちですよね。

実際は、お母さんはどっちも同じくらい愛情をかけていたのかもしれないのに、子どもの低い視点に立つと、自分だけを見てくれないと満足しない傾向が強いのです。

こうした子どものときの嫉妬というのは、ちゃんと出すべきです。

なぜなら、この嫉妬のエネルギーが増大し、しまいには友人やパートナーを縛りつけ、「私を優先しなさい！」「私を一番に扱いなさい！」と、悪魔ちゃんが叫び始めるからです。まさに、幼児感覚が抜けていない、こじらせ状態。

そういうときは悪魔ちゃんにまず、**「さみしかったね。愛されてないと思ったんだね」**と共感してあげます。そのあとに、**「なんでも、自分が一番って思ってない？　それはちがうよ。順位じゃないんだよ」**と教えてあげましょう。

別に一番にならなければ認めてもらえないというわけではありません。そのままのあなたで大好きだし、愛しているということです。

なぜこれを伝えるのかというと、自分は一番にならないと価値がない、と思ってしまうからです。

本来、誰もが価値ある存在です。

それなのに、「競争社会だから、一番にならないと生き残れない」という思いが強いと、順番が下の人を馬鹿にしたり、一番になれない自分にコンプレックスを抱いてしまったりと、こじれることが起きてしまいます。

順番の問題ではなく、私たちは誰でも愛される存在。そのことを自覚すれば、順番は気にならなくなります。

「自分は愛されていなかった」という思い込み

子どものときに、ほとんどの人は「愛されなかった」と思い込みます。

なぜかと言うと、自分の思い通りにならない＝愛されていない、と思い込むからです。自分の思い通りにならないと大暴走する、それが子どもなのです。

たとえば、クリスマスにクマのぬいぐるみをサンタさんからプレゼントしてもらいたかったのに、クリスマスにはサンタさんではなく、お母さんから色鉛筆をプレゼントされた場合、「何ももらってない」ことになります。

大人になっても、同じようなことは起こります。

たとえば、恋人とつきあい始めの頃、誕生日プレゼントはネックレスや指輪などのアクセサリーをもらいたかったのに、ケーキやちょっとした小物だけだったりする

12
COLOR
PENCILS
誕生
The
Devil

と、彼からのプレゼントはないに等しい記憶として残ったり、本当に私を愛しているわけじゃないんだと解釈したり。

こんなふうに、本当はいろいろしてもらっているのに、全部自分都合でしか捉えない、それが悪魔ちゃんなのです。

これは、子どもの低い視点のまま止まっている状態。狭い世界でしか考えられないので、私は何もしてもらってない、愛されてない、と思い込むようになるのです。

そういうときは、ひねくれている悪魔ちゃんに、**「クマのぬいぐるみは、クリスマスにもらえなかったけど、色鉛筆はちゃんともらえたよね」「決してお母さんが愛してくれなかったわけじゃないよね」**と真実を伝えるのです。

ひとつひとつ、丁寧に説明していきます。

すると、自分で勝手に都合のいいように記憶を塗り替えていただけで、「じつは親にもらっていたんだ」「親は愛してくれていたんだ」ということが腑に落ちていくのです。

親によってさみしい思いをさせられた人は、「私は、親をすごく恨んでいる」とまず認めることが大事です。

「親だから悪く思ってはいけない」「私はもう親を許した」と思っている人も多いのですが、そうやって本音を隠して、いい子を装っている以上、なかなか内なる神さまは現れてくれません。

なぜなら、悪魔ちゃんが邪魔をして、内なる神さまとつないでくれないからです。

親への恨みを認めると、人生に追い風が吹く

親を恨んでいる、という思いを認めると、その先にあるもっと深い本音にアプローチできるようになります。すると、悪魔ちゃんは「やっと本音に気づいてくれた！」と思うので、成仏して、愛の光と統合していきます。

すると、人生に追い風が吹いてきます。なぜなら、悪魔ちゃんと愛の光が統合するということは、人生の計画書を順調にクリアしているということ。魂で願っていたことがどんどん叶うようになってくるからです。

たとえば、空の上で配置した運命の人と、人生の計画書よりも前倒しで出会えたり、やりたい仕事が意外な縁で回ってきたり、旅行先で人生をかけて臨みたい出来事に出会えたり、といった神がかったことが起こってきます。

自分自身と向き合い、着実に進んでいると、すごろくでいえば、いつもサイコロの目が6ばかり出て、一番先にゴールに着ける、つまり、心の底から幸せだと思える喜ばしいところに、最速で到着できるようになるのです。

悪魔ちゃんの暴走をくいとめる方法

突然悲しくなったり、怒りがこみ上げてきたり…

インナーチャイルドは、イヤだったこと、さみしかったこと、ガマンしていたことなど、心の中の引っかかりそのもの。

私たちはその引っかかりをそのままにして大人になっていることがよくあります。

ある日突然悲しくなったり、イライラしたり、無性に怒りが込み上げてきたりすることはありませんか？

それは、抑圧されたインナーチャイルドが騒ぎ出すから。

子どもの頃にできたインナーチャイルドに寄り添い、気持ちをわかってあげると、ほとんどは癒されてすっと落ち着くのですが、なかには癒してもやさぐれたままのインナーチャイルドもいるのです。それが悪魔ちゃんだということはお話ししましたが、この悪魔ちゃんには、びしっと喝を入れなければいけません。

たとえば、スーパーでお菓子がほしいと泣く子どもがいますが、泣くことでお母さんをコントロールして買わせようとしているケースもあります。

そういうときには、「泣いてママに迷惑かけて、ほしいものを手に入れるのはダメなことだよ」とびしっと言うことが大事です。

「公衆の面前で怒るなんてできない。買えばおとなしくなるから今日はしかたない、買ってあげよう」とワガママを聞いてしまうと、子どもは泣けば親は言うことを聞いてくれると思ってしまうので、親をコントロールしようとして、どんどん自分勝手になっていきます。

過剰要求のときは、しっかり叱る

ダダをこねる子どもと同じように、長いこと感情を抑圧されて、ワガママ放題に

なっているのが悪魔ちゃん。

悪魔ちゃんは自分が悪いことをしているということをわかって、わざとワガママになっています。

この悪魔ちゃんを野放しにすると、大変なことが！

人をコントロールしてでも自分の言うことを聞かせようとするので、人間関係がことごとくうまくいかなくなってしまいます。

それだけではなく、大きなトラブルに見舞われることもしかり。

人に迷惑をかけても自分を優先するやり方は、愛からかけ離れているということとを神さまはあなたに気づかせるため、事故に遭ったり、病気になったりと、足止めをして、今までの生き方、やり方を見直しさせるのです。

悪魔ちゃんを叱る方法、喝の入れ方については、第3章でくわしくお話ししますが、いくら悪魔ちゃんの気持ちを聞いてあげても、「まだ足りない」「私はこんなに苦しかったんだ」と過剰要求してくる悪魔ちゃんには、ちゃんと叱ってあげましょう。

すると、その悪魔ちゃんもハッと気づいて、成仏します。

悪魔ちゃんと向き合うと、本当の望みも見えてきます。

本当の望みは、愛の中にあるからです。

しつこいようですが、悪魔ちゃんは、本当にあなたを愛に導く存在なのですから♡

「内なる神さま」に気づくことで満たされていく

心の空洞を埋めようとする宇宙の法則

悪魔ちゃんが騒いでいると、人生の足かせとなってしまいます。

足かせになったものは切り離すしかありません。

この足かせは、恋愛や結婚の場合、相手を自分の思い通りにしようと過剰要求する面倒な女になって、パートナーシップがいつもうまくいかない、という形になって現れたりします。

足かせのある人のエネルギーは重くてどよ〜んとしています。

それが、相手に伝わるので、この人と深くかかわると面倒になりそうだな、と思われたり、出会いに恵まれなかったり、良好なパートナーシップが築けなかったりするのです。

私たちは、親を助けたい、親を幸せにしたい、それを第一ミッションとして生まれてきます。そのため、親が理不尽なことを言ってもガマンして受け入れてしまったり、自分がしたいことや、興味、関心などを押し殺し、親の笑顔のためにがんばろうとしたりするケースも多く見られます。

こうした場合、心にぽかっと穴が空いてしまいます。

このぽかっと空いた穴は、そのままではいられません。宇宙には「空間を埋める」という法則があるからです。

断捨離などがはやっているのは「出すと入ってくる」からですよね。それも宇宙の法則の通りで、空間があると何かで埋めようとする力が働くのです。

悪魔ちゃんが放置されていると、この空間は買い物欲、食欲、性欲、睡眠欲、承認欲など、なんらかの欲求で埋めようとしがちです。

依存症
イイネ!
SALE
買い物
アルコール
携帯電話
SNS
睡眠
食欲
空洞
POTATO CHIPS

しかし、それらで自分が満たされることはありません。

なぜなら、それは一時的なもので、単なる埋め合わせだからです。


さらには、お金についても影響が出ます。

とくに、ブランド物ばかり買う人は要注意！

もちろん、本当に心から好んでいればいいのですが、自分をよく見せたいとか、認められたいという理由から手にしてしまうのは悪魔ちゃんの仕業。

自分には価値がないと思い込んでいるので、少しでも自分をよく見せようと、価値の高い物で身を固めたり、心の空洞を埋めるめに、過剰な買い物をしてしまうのです。

こうなると、自分の気持ちがまったくわからなくなるので、何がしたいのか、ますますわからず、しまいには悲しいのか、さみしいのかさえも気づけなくなってしまいます。

枯渇することのない「愛の源泉」

先ほども話したように、私たちは神さまの光を持って生まれてきた存在です。

つまり、自分の中に空いた穴は、自分の内なる神さまに気づくことでスッと埋まり、さらには広がっていくのです。

自分の内なる神さまは、枯渇することのない愛の源泉そのもの♡

愛の源泉は先ほどの例でも出てきたように温泉のように永遠にわき上がってくるものなので、ここにつながりさえすれば、空洞になることはありません♪

この愛の源泉につながるために気づくべきものが、悪魔ちゃん。悪魔ちゃんと仲直りすることは、人生をハッピーにする、とっても強力な方法なのです♡

次の章からは、悪魔ちゃんを愛の光と統合させるために、悪魔ちゃんの癒し方、叱り方を伝えていきます。

ぜひ、あなたの中の悪魔ちゃんとも、この方法で向き合ってみてください。

悪魔ちゃん
ポイント2

悪魔ちゃんは、あなたの魂の目的を教えてくれる
天界からのメッセンジャー。
悪魔ちゃんを知ることで、
課題を乗り越え、
幸せの世界へレッツゴー！

第3章

人生を急展開させる、悪魔ちゃんの育て方

自分の中の「天使」と「悪魔」を見分ける！

最速で幸せになれる4つのステップ

悪魔ちゃんと仲直りできれば、人生がもっとスムーズに、もっと軽やかに、淀みのない状態で最速で幸せになれます。けれども、この悪魔ちゃんは、見えない領域、私たちの心の奥の奥にいるので存在自体になかなか気づけません。

そのぶん、悪魔ちゃんをちゃんと見つけて、仲直りすることができれば、人生の変化が大きいことは、ご理解いただけたと思います。

で、ここでちょっと注意点があります。

頭では「ふん、ふん♪　なるほど」とわかっていても、いざ実践になると、どの子が天使でどの子が悪魔なのか見分けがつかなかったりします。

なぜなら、どちらも子どもの頃に傷ついた感情を持っているからです。

天使を悪魔だと勘違いして、寄り添うべきなのに、喝を入れてしまったり、逆に悪魔を天使だと勘違いして、ずっと癒し続けてしまったり……なんてことになりかねません。

そこで、この章では、インナーチャイルドである天使ちゃんと悪魔ちゃんのちがいと見極めのコツ、それぞれの癒し方をくわしくお伝えします。

日常で実践できるようにしていきましょう。

ここで、はっきり天使ちゃんと悪魔ちゃんのちがいを、おさらいもふくめて見ていきます。

天使ちゃん＝受け入れて癒していくと、現実や心のあり方が変化する

悪魔ちゃん＝受け入れて癒しても、「だって」と反発心が出たり、「どうせ！」というあきらめが出て前に進まない。現実も心のあり方も変化しない

天使ちゃんと悪魔ちゃんの見極めは難しいですが、これからご紹介する「心の進み方と悪魔ちゃんとのつきあい方（取説編）」のステップを意識していくと、迷わずに進むことができます。

しっかり向き合ったときの進み具合（目安時間）も参考にしてください。

【心の進み方と悪魔ちゃんとのつきあい方（取説編）】

ステップ１　受け入れられない思い＆怒り（15分間）↓天使
ステップ２　がっかり＆悲しみ（15分間）↓天使
ステップ３　いい子のフタ＆悪魔の登場（25分間）↓悪魔
ステップ４　愛の一撃（論しや叱り、喝）＆神力発動（15分間）↓神さま

※経過時間はあなたの年齢や状況によって変わります。ひねくれが強い悪魔ちゃんの場合はステップ１だけでも２日以上かかる場合もあります。あくまでも参考に捉えてくださいね。

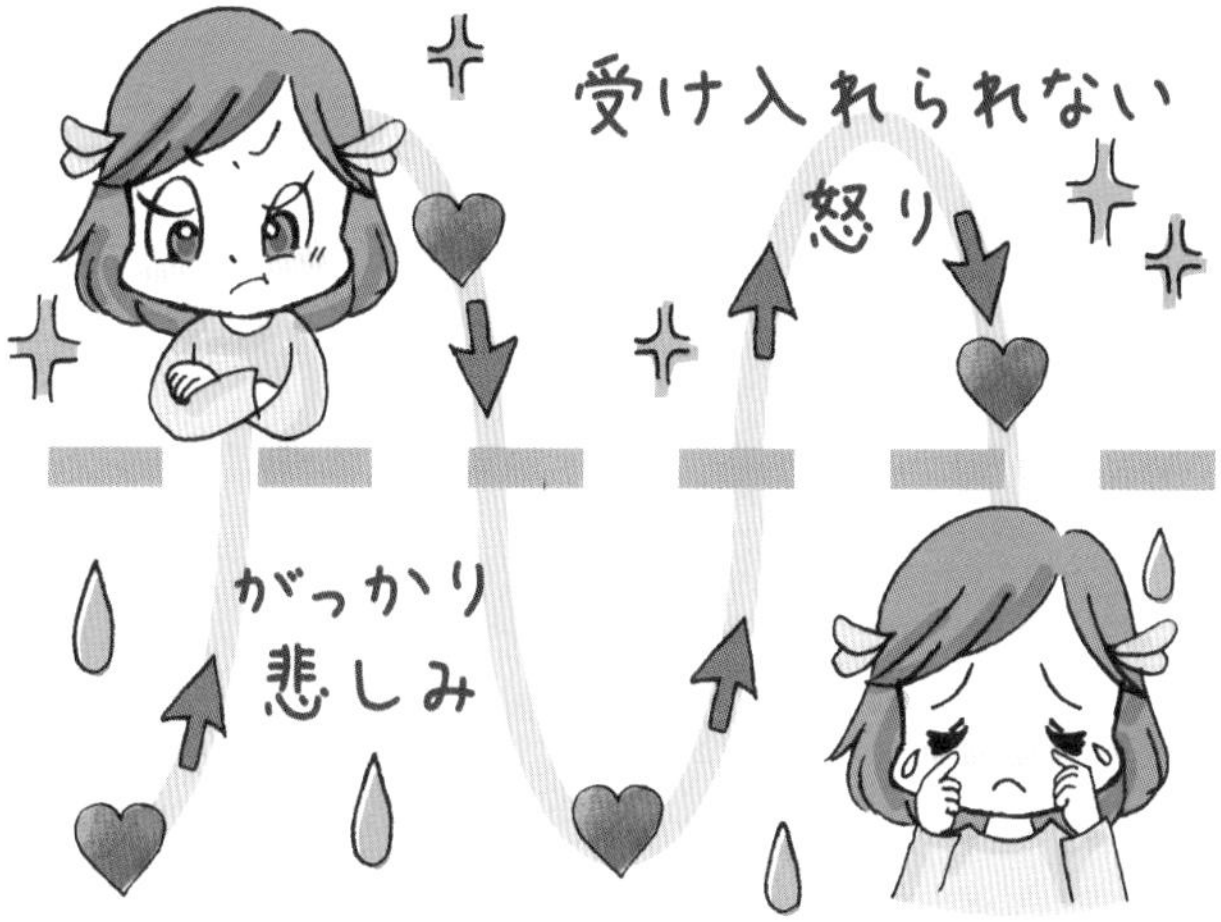

それでは、それぞれのステップについて説明していきます。

【ステップ1　受け入れられない思い&怒り】

相手が悪い！　絶対に許せない。不条理だと感じて、攻撃したくなるような感情が出てきます。

【ステップ2　がっかり&悲しみ】

涙が溢れたり、切なくなったり、相手と心が通じ合わないと思い、落胆し、胸が苦しく感じます。

ステップ1と2を感じていくとき、自

分の思いや、わき出る感情を否定したり、ポジティブに考え直したりする必要はありません。ただ、「そう思っているんだね」と思いや感情に寄り添っていきます。

ステップ1やステップ2でいきなり悪魔ちゃんは出てきません。なぜなら悪魔ちゃんは下に沈んでいるからです。

最初は上のほうにいる天使のインナーチャイルドがほとんどで、ステップ1とステップ2を行ったり来たりします。

このときの天使ちゃんの癒し方は次の通りです。

① どこかスッキリしない気持ちや、ネガティブな気持ちが出てきたら、それはインナーチャイルドであると認識します。（ステップ1）

② インナーチャイルドに「受け入れられないよね！」「たくさん怒っているよね」「イヤだったね」と寄り添い、怒りの感情をたくさん感じて、出すようにします。（ステップ1）

③ さらにインナーチャイルドに「怖かったね」「つらかったね」「さみしかったね」など、共感を続けましょう。すると、だんだんと気持ちがスッキリ晴れて

きます。（ステップ２）

④　天使ちゃんには「これからは、私がいるから大丈夫だよ」と言って抱きしめてあげましょう。（ステップ２）

⑤　天使ちゃんの希望をイメージの中で叶えてあげてください。（ステップ２）

（例）「家族そろってご飯を食べたい」という願いの場合

⇩イメージの中で両親やきょうだいを連れてきて、楽しく食卓を囲んでいる様子に書き換え。すると、天使ちゃんが癒されるので、愛の世界に統合され、あなたのパワーになってくれます。

【ステップ３　いい子のフタ&悪魔の登場】

ステップ1と2を繰り返しても、なかなか改善しない、現実が変わらない場合、「いい子のフタ」が邪魔しています。いい子のフタとは、「もう許した」「癒された」「もう大丈夫！」と心の奥にあるブラックな感情を押さえつけているものです。

許したはずなのに、反論したい気持ちになる、卑屈になる場合は悪魔のインナーチャイルドです（これはある意味、ステップ3に進んだという合図でもあります）。

【ステップ4　愛の一撃（諭しや叱り、喝）&神力発動】

自分責め、他人責めの気持ちが出てきたら、大いなる高い視界を持った「愛の一撃」の出番です。**「自分のことを特別だと思っているんじゃない？　そんなことじゃダメだよね」**と叱ってあげましょう。

あなたは悪魔ちゃんの親でもあり、お姉さんでもあります。叱ってあげて、思いグセを整えていくことが必要です。「愛の一撃」では、厳しく叱るだけではなく、**「あなたは、本当は愛されているよね。できてるよね」**と、ひねくれて見えなかった部分をしっかり教えてあげることが大切。これは「諭す」とも言えますね。

自分のあらゆる感情を認めて、すべてを受け入れることによって、この先に起こることはあなたの予想を超えるミラクルや不思議なシンクロが起こりやすくなります。

これが「神力」です。

以上が心の中の天使ちゃんと悪魔ちゃんと向き合うときに必要な4ステップです。

次のシートに具体的に書き込んでみると、あなたの本音が見つかります。

次の項目で具体的な例を見てきましょう。

あなたの本音を導く悪魔ちゃんシート

気になっていること、起きているトラブル、問題

（例）夫が家事を手伝ってくれない

Step 1 受け入れられない思い&怒り

（例）私ばっかり、がんばってる。ホントにムカつく！

Step 2 がっかり&悲しみ

（例）言ってもムダだから、一緒にいてつらい。協力してくれなくて胸が苦しい

Step 3 いい子のフタ（あきらめてきたこと）

（例）もう旦那には頼まないし期待しない。私がやれば丸くおさまる

悪魔の登場

ブラックな感情、混沌とした思い　（例）別れてやる！顔も見たくない

Step 4 愛の一撃（諭しや叱り、喝）

（例）旦那さんはどう手伝えばいいかわからないだけ。あきらめたのはあなた自身よ！

＝

本音

（例）本当は家族仲良く過ごしたい。お互い気持ちよく協力して生きていきたい

神力発動！

どんな人でも母親に対してわだかまりを持っている

自分の思いに気づき、子育てもラクに

お母さんとの関係がうまくいかない、なんだか距離を感じ、気が合わないという方もよくいらっしゃいます。

次は実際に４つのステップを使ったMさんのケースです。

【ステップ１　受け入れられない思い＆怒り】

お母さんにはずっとガマンばかりしてきた。いつも反論されていた。話を聞いてもらえなかった。褒めてくれなかった。見てくれなかった。とくに妹と私をずっと比べ

ていて、妹ばかり可愛がっていたのがずっと嫌だった。妹ばかりずるい。妹をひいきばかりしてムカつく。私はいつも2番。私ばっかりお手伝いをさせられた。文句ばっかり。否定された。大事にしてくれない。

お母さん自身、表裏が激しくて、いい顔する性格がイヤ。私はガマンさせられている。今でも妹の子どもばかり可愛がって私の子どもには冷たい。

【ステップ2　がっかり&悲しみ】

妹は元気ではつらつしていてみんなに好かれるのに、根暗で人づきあいが下手な姉の自分がイヤになる。

いいお姉さんになって、褒められたかったのに、まったく褒められなくて、むしろ「当たり前」と言われ続けたのが悲しい。

「私はお母さんに嫌われている」という思いがずっと拭えなかった。わかってもらえなかった。お母さんはそう、いつも自分のことばかりだった。

大人になってもお母さんの態度は変わらない。いいお姉ちゃんだったし、今もいい奥さん、お母さんをがんばっているのに、まったくわかってもらえない。

【ステップ3　いい子のフタ&悪魔の登場】

●いい子のフタ

お母さんは妹の面倒で大変だったんだ。お母さんだって、がんばってたんだ。お母さんには今でも感謝している。

妹がうるさかったから、なかなか私には手が回らなかったんだからしょうがない。

お母さんなりに大変だったんだ。だからしょうがなかったんだ。

私は思ったことを言わない性格だから、ダメだったんだ。お母さんに理解されないのは、お母さんとはタイプがちがうだけなんだからしかたない。

だから、もういいよ……。疲れたよ。

●悪魔の登場

どうせ私はお母さんにとってどうでもいい娘なんでしょ。

私が全部ガマンすれば家族も妹もお母さんも幸せなんでしょ。

もういいよ。私なんてそういう存在よね。お母さんも妹も結託してたんだ！

私が嫌いなんだ。私がダメな娘だからだ。だから私はいつもみんなから愛されないんだ。クソババァ。いい人ぶるな。化粧が濃いんだよ！　文句ばっかり言ってるんじゃないよ。お母さんの自分だけがんばってるふうがうざいのよ！

【ステップ4　愛の一撃&神力発動】

●愛の一撃

あなた本気で言ってるの？　お母さんに愛してもらってるのに、忘れているだけ。都合の悪かったことばかり並べないの。いつまでもひねくれてたらいけないよ。

●神力発動（本音）

私はお母さんともっと一緒にいたかった。褒めてほしかった。認めてもらいたかった。かわいいよって言ってほしかった。本当は抱っこしてもらいたかったんだ。強がりたくなかった。ありのままの私を受け入れてもらいたかったんだ。

それほどお母さんが大好きだった。

だからガマンもしたし、いい子でいようとしたんだ。お母さんが好きで幸せになってほしかったから、全部ガマンできた。

↓本当に伝えたいこと（愛からの言葉）

「妹ばかり可愛がって、私はずっと苦しかった。でもお母さんのことが大好きだから力になりたいと思ってた。今もそれは変わらない。だから、これからは私や私の子どもたちのことも、もっと見てほしい。そしてずっと元気でいてほしい」

このようにお母さんに伝えたところ、「ごめんね、そんなつもりじゃなかったんだ。お母さん、あなたのこと大事な娘だと、昔も今も思ってるよ」と言われた。

【結果】

今まで自分の子どもが甘えてくるたびににイライラしていたけれど、それはMさんの中にお母さんに甘えられなかった、苦しんでいたインナーチャイルドがいたから。

しかし、インナーチャイルドが溶けて、幼少期からのわだかまりが消えたことで、自分の子どもを抱っこしたり、ありのままの子どもを認めたりすることができるようになった。

それによって、子育てがラクに、より子どもが愛しく感じるようになり、子育てがスムーズになった。

いかがでしょうか？

私はこのような大きな変化を**「ブレイクスルーポイント」**と呼んでいます。

「ブレイクスルーポイント」については、第６章でしっかりお伝えしますが、このように本音を導き出して、愛から伝えると、自分が想像していた以上の愛が戻ってくるのです。

インナーチャイルドとの向き合い方は子育てと同じ

寄り添う、叱る、様子を見る…とにかく根気が必要

ここまで読んできて、「あれ？　悪魔ちゃんとの接し方って子育てに似てるな」と思われた方もいるかもしれません。そう、まさに子育てと同じなのです。

たとえば、あなたが車の運転をして東名高速道路で東京から名古屋に行くとします。車を順調に運転して名古屋に着けばゴールですが、道中は渋滞していたり、事故があったり、お腹が空くので、途中でパーキングエリアに入ります。

最近のパーキングエリアって、楽しいものが売っていたり、足湯があったり、広々

とした公園があったり。私たちの心を揺さぶるものがたくさんありますよね。そしてその先にも、魅力的なパーキングエリアがたくさんあります。

楽しいので、パーキングエリアにその都度吸い込まれていくと、なかなか名古屋へはたどり着けません。

「楽しいからいいじゃん」「もっともっと遊びたいから」「いっぱい休みたい」「運転だるい」

そう言ってずっとパーキングエリアから動かないのが、あなたの中の悪魔ちゃん。

でも、どこかで悪魔ちゃんに「ほら、もう名古屋に行くよ」「いつまでもダラダラしてないのよ」と言わないと、なかなか名古屋には着けません。

悪魔ちゃんは自由気ままで、目の前が良ければそれでいいのですから（笑）。しまいには、「めんどくさいから名古屋に行くのやーめた」とあきらめたり、ダダをこねて降りちゃう子もいるわけです。

行き先が名古屋と決まっていれば、目的地や距離がわかるので、時間もスケジュールも立てやすいですよね。

けれど、人生や子育てなど、目に見えないものがゴールだと、あとどれくらい進めばいいのかわかりません。

だから、途中でやめちゃう（ドロップアウト）こともあります。そして挙げ句の果てには「やめグセ、あきらめグセ」が出てきてしまう。

でも、ここで**「愛の一撃」**です。

①寄り添う「十分休んだね。楽しかったね。いろいろ食べておいしかったね」
悪魔ちゃん「やだー！　まだいたい。あと5分」

②寄り添う「まだここにいたいよね。楽しいもんね」
悪魔ちゃん「あと10分、アイスも食べる！　ヤダヤダヤダヤダ」

③愛の一撃：諭す「もう、たくさん食べて、十分休んだよね。満たされたでしょ！」
悪魔ちゃん「ギャーー！　もう行かない。ずっとここにいる！　ここで遊ぶの」

GOAL
名古屋
浜名湖
足柄
諏訪湖
DROP OUT
海老名 JCT
DROP OUT
START
東京

④　愛の一撃：叱る

「コラっ。ちゃんと立ち上がって向かわないと名古屋に着かないでしょ。いい加減にしなさい。いつまでも、だだこねてないのよ」

悪魔ちゃん〜しばらくすねる〜

⑤　愛の一撃：〜様子を見て、悪魔ちゃんをそのままにしておく〜

悪魔ちゃんをそのままにしておくと、悪魔ちゃんの中で何かが変わったり、神さまが発動して「わがままだったな」など気づきが促される。

そして目的地にしっかりとナビゲーションをセットし直す。

いかがでしょう？　子育てとまったく一緒ですね（笑）。

と、言っても実際はこんなにスムーズに進みません。

とくに大変なのが「愛の一撃」です。根気が必要ですし、また最初の寄り添うところから始めないといけないこともあります。

お金やパートナーシップの問題として向き合ったり、子育てとして向き合ったり、その都度、このステップと同じように自分のわがままなところを直していくこと、振り返ることは必要です。ダメな部分を容認して、信じて待つだけでは成長しないし、すぐに「愛の一撃」を喰らわせるのもちがいます。

いきなり叱り飛ばすのは、「愛の一撃」ではなく、単純に自分が待てなかったり、感情をぶちまけていたりするだけです。

時間をかけながら、しっかりと向き合っていくことが大事なのです。

すべてを包み込むような愛も大切ですが、愛は受け入れるだけではありません。時として、諭す、叱る、喝を入れる、忍耐強く待つことも愛なのですから♡

大いなる高い視界を持ったあなた自身が試されながら、自分の中の自分と、共に成長していきます。

人間関係やパートナーシップなどの具体例については第4章以降で見ていきましょうね。

悪魔ちゃんは「敵」ではない

言いたいことを言えずに、インナーチャイルドが大暴走！

第1章でもお伝えした通り、私は子どもの頃から「変わり者」と言われてきました。「変わり者」と言われることがイヤで、クラスのすみっこで静かに本を読むなどしてなりを潜めていたのですが、その努力もむなしく、隣のクラスの知らない子からも「あいつ、変わってるんだよな」などと揶揄《やゆ》される日々。

そうこうするうちに、「変わっているのはいけないことなんだ」「個性的であることはよくないことなんだ」と思うようになり、そんな自分が嫌いになっていったのです。

でも、高校生のとき、大爆発したことがありました。

高校時代も自分の意見はなるべく言わないようにしていたのですが、それでも、「華香ちゃんって、すごく変わってるよね」と言われ続け、ある日私はガマンの限界を超えてしまったのです。そして、「もういいかげんにして！　どうして私ばかり変人扱いするの？　こんなにがんばって、こんなにガマンしてるのにひどいじゃない！」と大爆発したのです。

私は、みんなの前で泣き崩れ、その場を逃げ出しました。

それからしばらくは、**「自分はいつも被害者。誰もわかってくれない」**と思って生きてきました。

でも、心の勉強をするうちに、インナーチャイルドの存在に気づき、自分の伝えたいことをしっかり伝えずに相手任せにしていたことが、インナーチャイルドを大暴走させていたことに気づいたのです。

「あきらめる前に人と向き合う努力を！」

それからは、過去の傷ついた自分をなぐさめるようにしていきました。

最初、「変わり者って言われてつらかったね」「イヤだったよね」となぐさめていたのですが、それでもインナーチャイルドは素直に聞いてくれる様子がありません。よけいにやさぐれて、「そんなことといっても、このつらさは、私にしかわからない！」と言い張って、まったく変わろうとする気配がないのです。

これは悪魔ちゃんだと思った私は、「相手に伝わるように言う前に、いつもあきらめて、みんな敵だと思っているのはあなたよ。でもそれはちがう。ただの甘えよ。相手と向き合って心を開いてコミュニケーションをする努力をしなさい。自分は変わっている、と逃げてるだけじゃ、不満だらけの人生になるよ！」と喝を入れたのです。

すると、悪魔ちゃんはハッと目覚めたのか、私自身、**「やれることをやっていないで、被害者でいたかったんだな。でも、もうやめよう」**と思えるようになり、とてもラクになりました。

それからです。周りから「その力を使って相談に乗ってほしい」という声をちらほらいただくようになったり、「とてもわかりやすく伝えてもらえて助かる」と役に立てることが増えていきました。

今は、親子セラピストとして幸せな仕事をさせていただけるようになったばかりか、たくさんの人の愛を受け取り、愛に生かされていることに気づけるようになりました。

コンプレックスに思っていた「人とちがう」ことは、一番の輝くポイントだったのです！

「愛の一撃」で神さまからのギフトに気づける

こんなふうに、悪魔ちゃんのワガママに気づき、喝を入れることで、誰もが「自分を知る」「愛を知る」という神さまからのギフトに気づけます。

自分のコンプレックスやトラウマに向き合うなんてカッコ悪いからと、そこから目をそらして、仕事で忙しくしたり、友だちや仲間との会合などでスケジュールをびっしりにしたりして、安心感を得ていることもあります。でも、自分で決めた人生設計をないがしろにした生き方をしていると、あらゆるところで、悪魔ちゃんが顔を出します。

悪魔ちゃんが生きにくさを助長して教えてくれるのです。

悪魔ちゃんは敵ではありません。あなたの一部であり、愛そのもの。

だからこそ、あなたのなかの悪魔ちゃんと向き合って喝を入れるべきときは、しっかり喝を入れ、諭すこと。この「愛の一撃」が大事なのです。

つい「私はダメだ」と全否定してしまうクセ

「怒る＝嫌い」ではない

昔お母さんにかまってもらえなかった……。
クラスメイトに容姿をからかわれた……。
学校のテストで悪い点を取った……。

子どものとき、ちょっとした親や誰かの対応で、思っていたような自分になれなかったことにガッカリして、「私はダメな人間なんだ」と全否定してしまうこともあります。

クライアントさんで、子どもの頃、お母さんにこっぴどく怒られたことを鮮明に覚えている方がいます。

彼女がおそらくまだ3歳くらいの頃、近所の子どもたちと集合住宅の真ん中にある広場で遊んでいるときのことでした。打ちっぱなしのコンクリートにチョークで、家の間取り図のようなものを書いて、お母さん役、お父さん役、子ども役などをみんなで決めて、家族ごっこをして遊んでいたそうです。

彼女は小さかったので子ども役になり、お母さん役の子から「○○ちゃん、おしっこの時間だよ」と言われたので、「はーい」と返事をしてトイレの部屋にいき、コンクリートの上で本当におしっこをしたそうです。

コンクリートの上なので、おしっこが蒸発するまでそのあとは残っています。その様子を見たお母さんは、「あんた、恥ずかしいわ！　なんでそんなところで、本当におしっこするの？」と彼女を叱り、それ以来、「私が悪いんだ。悪いことをするとお母さんを悲しませるんだ。だから、いい子にしなければ」と思い込み、お母さんの顔色をうかがうような自分になったといいます。

彼女の中で、**「私はダメな子→いい子にしなければ嫌われる」という図式ができあ**

がってしまったのです。でも、事実は、お母さんは「そこでおしっこをするのはよくない」と言っただけで、彼女自身を否定しているわけではありませんでした。しかし、そのあともこのような勘違いは続発したのです。

こんなときは、まずは**「あのときは、つらかったね」**と悪魔ちゃんの気持ちを受け止め、そのうえで、「お母さんは、コンクリートの上でおしっこをしたことを怒っただけで、あなたのことを嫌いで怒ったんじゃないんだよ」と教えてあげることが大事です。

年を重ねるにつれて、「真実」が見えてくる

感情的に怒られた子どもが、自分は全否定された、と思ってしまうのもしかたないのですが、親が本気で子どもを嫌いになるはずがありません。

どんなに言うことを聞かない子どもでも、事故や病気で生死をさまよったなら、親は「お願いだから、生きてほしい」と思うもの。

お母さん自身も無意識かもしれませんが、どんなに怒っていても子どもを愛してい

るもの。全否定されたという思いは、ちょっとしたボタンのかけちがいから生まれたものなのです。

子どもは大人の視点に比べて視点は低く、傷つきやすいもの。

人生を階段にたとえると、人は年の分だけ経験を積んで階段を上っていきます。階段を上れば上るほど見える景色も変わってくるように、大人はある程度俯瞰できる視点を持っているので、相手がどんな気持ちでその言動を発したのかなども推測することができます。一方、子どもは目の前のことだけですべて判断してしまいます。

たとえば、お母さんは仕事ばっかりして、私のことはほうりっぱなし、と感じている場合、お母さんから「あんたのことは嫌い」と言われたわけでもないのに、勝手に「お母さんは私のことが嫌いなんだ」と思って、ひねくれてしまうのです。

でも真実は、「お母さんは仕事で精いっぱいだっただけ」。そこに悪意はなく、子どもの気持ちにまで意識をかけられなかっただけなのです。

お母さんは、お金を払っていい塾に入れればこの子のためになると、ちがう形で愛情をくれていたのかもしれません。しかし、子どもからしたら、それを愛情とは受け

視点が変わる

取ることができません。

そのため、「お母さんなら、もっと気持ちをわかってくれてもいいはずなのに」「もっと愛情を注いでほしい」など、不満が肥大化して、悪魔ちゃんが育ってしまうのです。


あなたの中の感情がザワザワしたら、それは悪魔ちゃんが騒いでいる証拠。悪魔ちゃんと丁寧に向き合って、諭し、叱り、喝を入れていきましょう。

悪魔ちゃんのひねくれ度が強い場合、1回伝えたくらいではわからないかもしれません。誰かのせいにしそうな出来事が起こったら、そのたびに、伝えてあげましょう。

悪魔ちゃんへの扱いは本当に子育てと同じ。丁寧に扱ってあげると、悪魔ちゃんも本音に気づき、愛の世界に統合できるようになるのです。

「どうせ」…あきらめの奥に眠っている本音をかき出す！

「お母さんは、私が泣いてもどうせ来てくれない」

「どうせわかってくれないし……」「どうせ話を聞いてくれないし……」「どうせ私は魅力がないし……」というように、できなかったことに執着して、ひねくれている状態の人はとても多いものです。

親子セラピーをしていると、「どうせ……」という悪魔ちゃんが生まれたのは、幼少期どころか、生まれた直後というケースもよくあります。

たとえば、出産が帝王切開になったり、保育器の中で育てなければならなかったりすると、生まれた直後からお母さんと離れ離れで過ごさなければなりませんよね。

赤ちゃんは、お母さんと一緒にいたくて泣くのですが、どんなに泣いてもお母さんが来てくれないと、「泣いてもどうせ来てくれないんだ。人生はこういうものなんだ」とあきらめるクセがついてしまうのです。

退院後、お母さんにたっぷり甘えて欲求を満たしてもらえればいいのですが、お母さん自身も疲れているうえ、やることがいっぱいあるので、たいていはそこまで子どもに意識が向きません。

こうして乳児期の欲求を叶えてもらえないと、自分から求めて傷つきたくないので、親が忙しそうだと空気を読んで甘えることをあきらめるようになります。

成長するにつれ、自ら人間関係を切ったり、相手と向き合うことを面倒と感じて人と深くかかわることから逃げるようになってしまうのです。

こうなると、生きる力自体がそがれていきます。「自分なんてどうせダメなんだ」ということに執着しているので、エネルギーを取られてしまのです。

エネルギーが枯渇するので、結果、何に対してもやる気が失せてしまい、休日になると一歩も家から出ずにずっと寝ているなど、疲れ切った大人になってしまいます。疲れやすい原因が、幼少期の親子関係にあったなんて驚きだと思います。

「抱っこして」「手をつないでほしい」といった、小さな欲求を叶えてもらっていない状態が積み重なって、「どうせ」という頑丈なあきらめをつくってしまうのです。

勝手にあきらめたのは自分

「どうせ」と思うようになったのは、お母さんが愛してくれなかったから、と思っているかもしれませんが、じつは、**お母さんをあきらめたのは自分**です。

「お母さんはどうせ愛してくれないだろう」と思ったわけですが、本当はもっと主張すれば叶えられたこともあるかもしれません。

「お母さん、抱っこ」と言ったときに、「今忙しいから、あとで」と断られても、本当に抱っこをしてほしかったら、何度でも「抱っこ、抱っこ、抱っこ」とアピールすればよかったのです。それなのに、「どうせ、『またあとで』と言われるから」と勝手に思い込み、自分の気持ちを言わなかったのは、自分にほかありません。

もしかしたら、その日、お母さんは本当に忙しくて時間に追われる仕事をしていたのかもしれませんし、腰が痛かったのかもしれません。

お母さんはいつも断る人ではなくて、たまたま断られただけかもしれません。

でも、ここであきらめたために、あきらめグセがついて、大人になってもあきらめる自分になっているのです。


たとえば、好意を寄せる彼をデートに誘って一度断られても、また誘えばオーケーしてくれたかもしれません。断った日はたまたま忙しかったのかもしれないし、先約が入っていたのかもしれません。

断わられた背景にはそれなりの理由があったかもしれないのに、何度もアピールすることなく、「どうせ私がかわいくないから」「どうせ私に魅力がないから」「どうせ私は愛されてないから」「どうせ私は遊ばれているだけだから」などと、「どうせ」の証拠を集めるようになるのです。

そして、その証拠を集めて「ほら、やっぱりね。私はどうせ愛されてなかった」と確信を深め、「どうせ」という思いがより深く刻み込まれてしまうのです。

神さまはいつも近くで応援してくれている

この「どうせ」を抱えている悪魔ちゃんを見つけたら、まずは、**「叶えられなくて悲しかったね」**と感情レベルで共感してあげましょう。

それでも、すねてまったく前に進まないでいるようなら、**「いつまでも相手のせいにするんじゃないのよ！　あなたは子どもでまだ視野が狭かったから、愛されていないと思っただけなの。あなたの人生はあなたがつくっていけるのだから、もう執着するのはやめなさい！」**と愛の一撃を入れます。

そして、**「本当はどうしたかったの？」**と本音を出させてあげましょう。

すると、「断られて、嫌われたくない。それくらい、○○さんのことが好き」という思いに気づくでしょう。

いつまでもすね続けているのは、この状況をどうにかしたいからです。どうにかしたいから「どうせ」と言う。つまり、あきらめの奥には本音が眠っているんです。

ちなみに、神さま（愛）は、この「どうせグセ」を、「あ〜、またすねてるんだ。それも経験だね〜」と見ています。

愛の世界には、正しい・間違いがないので、どんな経験も素晴らしいもの。

神さまは起こることすべてがおもしろいものと思っているので、「いろいろと経験してごらん。それ楽しいよ〜」と応援してくれています。

常に温かい目で見守られているのですね。

貼っていたレッテルを1枚ずつはがしていく

10年隠していた、洗っていない弁当箱

悪魔ちゃんは、抑圧されてひねくれてしまった心であり、勘違いや思い込みでがんじがらめになったインナーチャイルド。

認めて受け入れてあげると、落ち着いて悪さをしなくなるのに、私たちはその感情を認めたくないのです。

過去を直視するのが怖い。向き合いたくない。向き合ったら自分が崩れてしまうように感じる……。

今さら封印した感情を見ることに恐怖を感じるのは、当然です。

でも、実際はそんなに怖いものではなく、たいしたものは埋まっていないんですよ。

私の学生時代の話です。

私はお弁当箱を洗い物に出さずに、1週間くらい部屋に置き忘れていたことがありました。

季節はちょうど梅雨。おかずを食べきれず残していたため、1週間も経っていたら絶対にカビが生えているにちがいない、それが親にバレたら怒られると思い、お弁当箱を開けるのを恐れて、なぜかベッドの下に隠したのです。

そのまま、お弁当箱の存在を忘れてしまい、1年後、部屋の模様替えをしたら、お弁当箱がベッドの下から出てきました。振るとカタカタと何か音がしています。

私は、「お弁当箱を出し忘れたダメな子」と自分を責めると同時に、絶対に開けたくない、開けるのが怖い！と思い、なぜか庭の土の中に埋めたのです。

それから10年後、引っ越すことになりました。

私は、急にお弁当箱のことを思い出して、どうなっているのかを知りたくてしかたなくなったのです。

でも、自分で開けるのは怖い。そこで、当時つきあっていた今の夫にお願いして、お弁当箱を土の中から掘り起こしてもらい、フタを開けてもらいました。

そうしたら、何が出てきたと思いますか？

なんと、石のようなカチカチの固形物が出てきたのです！

食べ残しはおそらくバクテリアによって分解されたのでしょう。

お弁当箱の中にあったのは、ただの石でした。


あれだけ恐れていたのに、実際目にするとたいしたことはなかったのです。


この現象は悪魔ちゃんと同じ。

悪魔ちゃんが生まれたとき、しっかり見れば、たいしたことはないのです。

でも、しっかり見ずに封印すると、記憶の中でどんどん大ごとになっていきます。

「愛してもらえなかった」「嫌われていた」など、勝手に盛った解釈をして、悪魔ちゃんに向き合うことを恐れているのです。

本当に愛してもらえなかった？

子どもは思い込みの天才です。

「あなたは橋の下で拾ってきた子なのよ」なんて言われたら、そんなはずはなくても、「本当にそうなのかも。だから、愛されないのかも」と思ってしまうし、「あんたなんか産まなきゃよかった」と言われたら、「私なんて生まれてこなきゃよかった。私はお母さんを苦しめている存在なんだ」と思うわけです。

お母さん自身は本当にそう思っているわけではなく、モヤモヤした感情をうまく言葉にできず、ぶつけてしまっただけなのに、それをダイレクトに捉えてしまうのが子ども。

こんなふうに、ちょっとしたことを大ごとに捉えて、自分に良くないレッテルを貼ってしまうのです。

だからこそ、貼ったレッテルは1枚ずつはがしていくことが大事。

そして、**過去にイヤな気持ちになったけれど、「今の私ならこう考える」というふうに、思考の上書きをしてあげる**のです。

先ほどのお弁当箱の話で言えば、子どもの頃の私は親にバレるのが怖くてお弁当箱を出せなかったけれど、今の私なら親になんと言われようとお弁当箱を出す、というふうに、その状況をイメージしながら思考を上書きしていきます。

すると、事実は変わらないけれど、そのときの感情が変わるので、似たような場面になったときに、同じパターンをとらなくなるのです。

見て見ぬふりをしていたところに光を

当ててあげる。すると、悪魔ちゃんは光に当たっておとなしくなり、悪さをしなくなっていくのです。

「悪魔の契約」に気づく

私たちは自分の都合のいいように記憶を塗り替えています。

では、なぜ子どもの狭い視点のままでひねくれているのかというと、前にも話したように、そのほうが自分にとってメリットがあるからです。

そのかわり、起こってほしくない出来事ばかりが起こるので、幸せは感じられません。私はこれを、**「悪魔の契約」**と呼んでいます。

まずは悪魔の契約に気づいて断ち切ることが本当に大切になります。

よくある悪魔の契約をあげてみると、

① 何かと迷惑をかける↓みんなから一目置かれる
② 怒りっぽい↓注目される

③　いつもフラれる↓みんなから同情してもらえる
④　やりたい仕事が見つからない↓挑戦せずにラクできる
⑤　お金がない↓誰かにかばってもらえる。自分で可能性を見つけなくていい

こんなふうに、**問題が起こるときは、必ずそれが起きるメリットがあります。**

どうしてその問題があなたの身に起きているのか、その理由（メリット）を次の章からじっくり見ていきましょう。

そして、人間関係、恋愛、お金についても、それぞれどんな悪魔の契約をしているのか、そして悪魔ちゃんへの対処のしかたを見ていきます。

悪魔ちゃん
ポイント3

ほんの小さな勘違いがどんどん膨らみ、
本当の思いからかけ離れ、
ひねくれているのが悪魔ちゃん。
愛の一撃で本音に気づかせると
真実の世界の扉が開く♡

第4章

「本音」を攻略すれば、もう人間関係に困らない！

「攻撃される」＝「かまってもらえる」!?

どんな経験もすべてメリットがある

「なんでこんなことばかり起こるの？」

「もうこんな人生やだ〜」

そう、すべてを投げ出したくなることもありますよね。

でも、先に述べたように悪魔ちゃん目線で見ると、起こる経験はすべてメリットがあるから契約している、つまり、自分で起こしているのです。

まさか、自分がトラブルを起こしているなんて、思いたくないし、信じられない。

しかし、現実は自分がつくっているのだから、すべて自分の思いが形になっているのです。

親子関係の相談を受けると、「私はお母さんを救えなかった」とガッカリしている方によく出会います。

子どもは「お母さんを幸せにできなかったこと」を後悔しがちです。

第1章でもお伝えした通り、胎内記憶の調査では、多くの子どもたちから「お母さんを助けるために生まれてきた」という共通のデータがあります。

だからこそ、私はお母さんを助けられなかった、という心残りがあった場合、長きに渡って後悔して生きるケースも……。

たとえば、お母さんがお父さんに責められているのに、守ることができなかった……といったケース。

子どもはお母さんを助けられなかった罪悪感で苦しんでいるのに、じつはお母さんは、お父さんに責められることでメリットがある、としたらどうでしょう⁉

そんなバカな、と思うかもしれませんが、もし「お父さんに責められている＝かまってもらえている」とお母さんが無意識で思っていたら、**責められることでコミュニケーションをとっているケースもある**のです。

つまり、お父さんに責められなくなったらかまってもらえなくなる、という不安をお母さんは抱えているということ。

そんなこと……信じられない。だってお母さん、大変そうだし、つらそうだもん、と思いますよね。でもお母さんがお父さんにまったく相手にされないと、お母さんはさみしくなって、どうしたらいいかわからなくなることもあるのです。

だから、この場合お父さんに文句を言いながらも、その状況はお母さんにとってのメリットがあるので、続けているというわけです。

「自作自演のドM劇場」になっていた！

誰かからイヤなことを言われたり、責められたりすると、人とかかわることにうんざりしますよね。

でも、本当のところ、よく攻撃される人は、トラブルに巻き込まれることすら「メリット」に感じていたりするんです。

人間関係でトラブルに巻き込まれやすい理由には、いろいろなパターンがありますが、じつは深層意識によくあるのは「攻撃されることでかまってもらえる」という思い。先ほどのお母さんの例と同じです。

たとえば、ツイッターがよく炎上する人の場合、炎上するようなことを書くことで多くの人に関心を寄せられるのが嬉しいのです。

そしてなんと！　**人と上手にかかわれない人ほど、トラブルをつくってトラブルで人とかかわろうとする傾向があります。**

私自身、以前はよく人から心ないことを言われたり、裏切られたりなど、人間関係のトラブルが多くありました。

でも、裏を返せば、トラブルが起きることで、私はその人と関係性を持ったり、旦那さんに「大変だったね」と慰めてもらったり、友人に「華香さんは悪くないよ」と言ってもらったりしていたということ。

「愛されている自分」「私は特別」という確証を得たいがために、無意識のうちにトラブルを起こしていたのです。

つまり、**誰かを悪者にすることによって、「かわいそうな私」を演じ、愛されている自分を確認する**、というメリットがあったということ。それがわかったときには、さすがにゾッとしました（笑）。

このことに気づいてからは、自作自演のドM劇場がバカらしくなり、「もうやめよう」と決めたので、それほど大きなトラブルに見舞われることはなくなりました。

こんなふうに、うまくいかない人間関係にも、少なからずメリットがあるのです。

でも、そんなメリットは必要ありませんよね。

愛されたいという思いは、誰もが持っているものですが、あなたはすでに愛されている存在です。誰かを悪者にしなくても、愛されていることを自分でしっかり見つけてください。

そして、**つらい状況から抜け出したいと思うなら、悪魔ちゃんと向き合って、「そのメリットは自分にはもう必要ないよ」と手放す**こと。

それだけで、現実は驚くほど変わるのです。

仲間外れにする人と仲間外れにされる人の共通点

「自分には価値がない。自分が嫌い」

「仲間外れは、さすがに仲間外れにする人が悪いんじゃないの？」と思うかもしれません。しかし、仲間外れが起きる構造をひも解いてみると、仲間外れにする人もされる人も悪魔ちゃんが必ず存在しているのです。

仲間外れにされる人の心の中には、「いい自分」と「ダメな自分」がいて、「ダメな自分はいてはいけない！」と、自分を嫌っていて、そんな自分を仲間外れにしている状態です。

これまで、現実は自分がつくっている、自分の思いが形になっている、という話をしてきましたが、心の中で「いい・悪い」をジャッジして、ダメな自分、弱い自分に対して、「あっちにいけ！」と自らのけ者にして受け入れずにいるので、現実的にもいじめられる（仲間外れにされる・追い出される）という現象が起きているのです。

では、**仲間外れにする人はどうかというと、他人を追い出すことによって自分の強さを誇示したり、優位になったり、認めてほしいと思っていたりします。**

本当はとっても怖がりで傷ついている。でも、これ以上、怖がっている自分を見たくないので、自分が危険になる前に先に誰かを攻撃してしまうのです。

その原因のひとつはみんなから認められたいという承認欲求、もうひとつは、仲間の一員になることで自分は大丈夫という安心感がほしいからです。

つまり、**自分を信頼していないので群れることで安心感を得たい。それほど、自分に自信がない**ということです。

自分に自信がないので、周りを固めないと「自分」ではいられません。

本当はとても弱いのに、精一杯強がっている。弱さを見せないために、仲間で囲って安心感を得ています。

人間の本能的な側面もありますが、今の時代、それこそ悪魔ちゃんです。

そして、仲間外れにする人、される人、両者とも「自分には価値がない。自分が嫌い」と内側でわめいて、ひねくれている。そのひねくれが、人を攻撃するか、されるかに出ているのです。

イヤな人こそあなたの本音を引き出す救い主

誰かを悪者にして文句を言いたくなることもあるでしょう。

そういうときは、黙らずに自分の中で文句を言ってみましょう。

自分の気持ちに焦点を当てながら、と

にかくすべての感情を吐き出してください。うまく言語化できなくてもかまいません。たまっているものをひとつ残らず出し切る感じです。すると、魑魅魍魎でグチャグチャで真っ黒いあなたが飛び出します。

どうしようもなく、混沌としている私。こんな闇を抱えている私。憎しみや悲しみの渦がぐるぐるしています。それはまるで台風のよう。

でも、そのどくどくしている感情をすべて出し切り、涙が出るほど自分の中の悪魔ちゃんを出し切ると、相手を責めながらも初めて自分の本心にたどり着きます。

そうすると、**「なんだかんだ言っても、私もメリットがあったし、あの人もそうだったのかな」**など自分の問題として考えられるようになったり、「私の中にある本音に気づかせるために、あの人は悪役をやってくれたんだ」と思えたりするときが来ます。

つまり、神さまに出会うために、悪魔ちゃんが現れてくれているのです。

苦手な人と出会ったり、イヤな出来事がふりかかったりして、否が応でも悪魔ちゃんと向き合わざるを得ないようになっている。

イヤな人こそ「悪魔ちゃん＝本音を導き、神さまとつなぐ救い主」なのです！

おかしいよー!!
ずるい
もういいよ
アホッ
ダメ
めんどう
イヤだ
どうせ私なんて
大嫌い
ゴミッ
悔しい

エネルギーは他人を気にすることより創造に使う

常日頃から自分の気持ちを見ていく

「メールの返事が来ないのは、自分が失礼なことを言ったからかも……」
「自分だけ挨拶してもらえなかった。もしかして嫌われてるのかな……」

ちょっとしたことで、つい他人のことが気になってしまう。

このタイプの人は気遣いができて、優しい人が多いのですが、じつは相手にこうなってほしい、相手をああしたい、というふうに相手に矢印が向いてしまっています。

「それはダメ」「これは良い」と自分の中の正しさをつきつけることで、相手をコントロールしたいという欲求があるのです。

本人は「相手に嫌われたくない」と言いながらも、じつは、「自分の思うようにコントロールしたい」と思っていて、相手を責めたい気持ちがたちこめています。

悪魔ちゃんをしっかりしつけていくためには、「他人がどう」ではなく、「自分はどうしたいか」というように、常に自分に矢印が向いていることが重要。

そのため、日頃から自分の気持ちを見ていくことが大事です。

自分は今どう思い、どうしたいと思っているのか、そこに気づくレッスンをしていくことで、徐々に揺れが小さくなり、スッと自分へと矢印が向き始めるので、相手の反応に関係なく、本音が言えるようになります。

1人でやるよりも、2人、3人で

相手のことを考えすぎてしまう人は、いろいろなことを考える余裕があるということ。それくらいエネルギーに溢れている人とも言えます。

溢れたエネルギーは、この先どんな未来を歩いて行きたいのか、という創造性に使いましょう。

1人でああでもない、こうでもないと思考しているのは、エネルギーの使い方を単純に間違えているだけです。

また、エネルギーは1人で創造するよりも、2人、3人と人のエネルギーを乗せることで、どんどん大きくなります。

なぜなら、エネルギーはかけ算の仕組みがあるからです。

たとえば、あなた1人でがんばって、100パーセントの力を出したとします。

この場合、1人×100％=100エネルギーとします。

一方、2人で90％出し合ったら、2人×90％=180エネルギーで、1人で100％がんばった結果を超えるのです。

さらに、3人が80％ずつ出し合うと、3人×80％=240エネルギーになって、使えるエネルギーがどんどん大きくなり、加速して、解決する時間まで早くなっていきます。

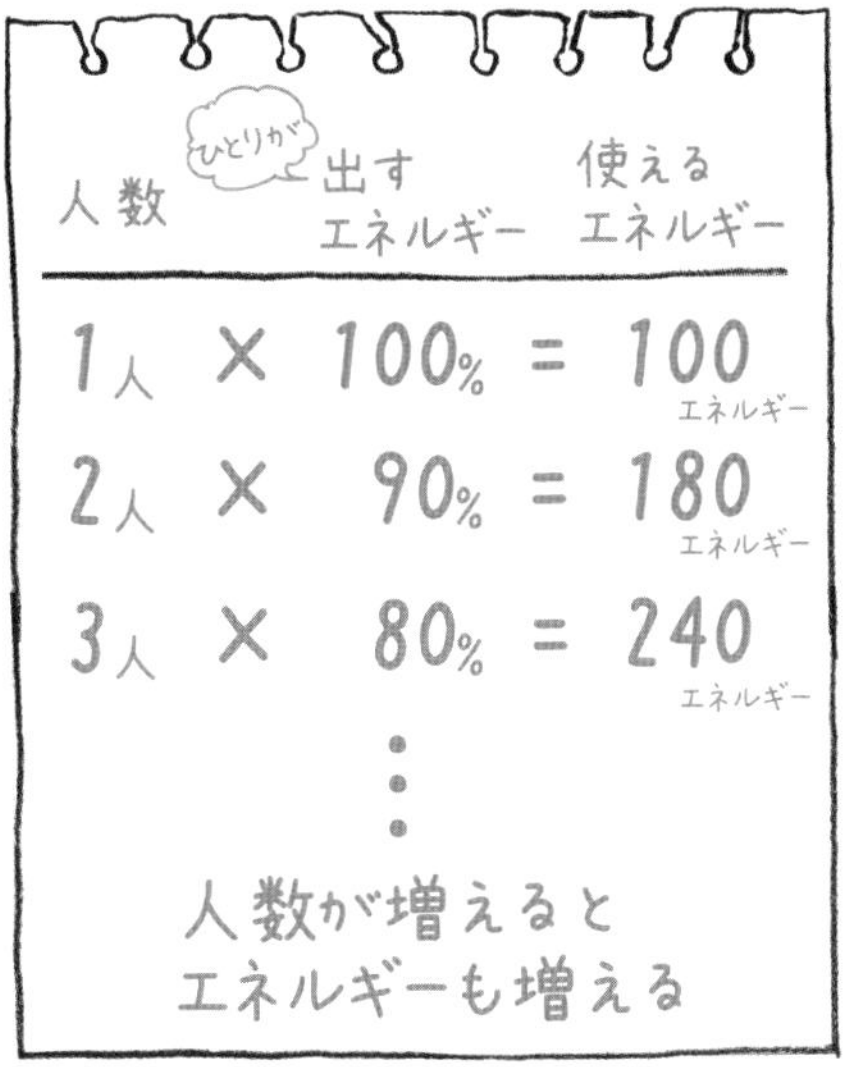

もっと自由な発想で、新しいものを受け入れていけば、そのエネルギーは幸せをどんどん巻き込みます。

気がつけば、あなたはたくさんの人に支えられ、応援者が増え、新しいものを生み出すエネルギーが増えていくことでしょう。

とは言え、2、3人ならまだしも、多くの人とコミュニケーションを取りながら物事を進めるのが苦手……という人もいるでしょう。

「こんなこと言ったらヘンに思われないかな？」など、発言する内容を受け入れてもらえるかわからない、という思いから、言いたいことを黙ってしまったり……。

私たちは、すべての人に受け入れてもらいたい、とがんばって話すのですが、いい反応をもらえないと凹んでしまいます。

でも、本音では、そんなに大勢の人に受け入れてもらいたいと思っていないケースもあるのです。

本当は心地良い人数で心許せる人たちと話し合える仲間を望んでいるのに、学校や社会で「みんなと仲良く＝良いこと」と言われていたから、そうしないとダメだと思い込んでいることがあるのです。

あなたが一番心地良い人数や関係はどんなものでしょうか？

「心地良い」と感じたとき、命が一番伸びやかに輝きます。

大切なのはあなたの本音＝心地良いと感じている状態です。

「なんでも受け入れてくれる人」に話してみる

極度に他人と距離を取ってしまったり、なかなか話ができない人もいますが、それも本人の個性です。

自分で自分の話に耳を傾け、自分との距離を縮めてみてください。

また、もっと人と話ができるようになりたい場合は、なんでも受け入れてくれる人に話すレッスンをするのが効果的です。

「そんな人はいない！」と思うかもしれませんが、大丈夫。絶対にいます。

たとえば、お母さん、旦那さん、親戚のおばさん、近所の友だちなど……。思い浮かんだ人がいたら、その人と話すときに、言いづらいことを言ってみましょう。

とにかく、受け入れてもらえる経験をして「大丈夫なんだ」と実感することが大切です。

それでも「受け入れてくれる人なんていない」「私は嫌われている」とすねて、負のループに入ってしまい、「あのときもそうだった」「このときもそうだった」と悲劇のヒロインを続けてしまうときは、悪魔ちゃんが出てきている証拠です。

こういう場合は、**「愛されていたこと、話を聴いてくれた人のことをちゃんと思い**

出して、受け入れられていることを知りなさい」と喝を入れます。

人は、やってもらったことや親切にされたことは印象に残らず、逆に自分がしてあげたこと、傷ついたことのほうがよく覚えている生き物です。

ちゃんともらっていたときを思い出して、すねている悪魔ちゃんに「もらっていること」を教えてあげてくださいね♡

思ったことを言いすぎる人の心の構造とは

「わかってほしい、認めてほしい」

いい子を演じて言いたいことを言えない人とは対照的に、思ったことを言いすぎてしまう人もいます。本人に悪気はないのですが、言いすぎてしまうので、知らず知らずうちに周りの人を傷つけていたりします。

なぜ、言いすぎてしまうのかというと、心にぽっかり穴が空いているからです。90ページでお話ししたように、感情を抑圧すると心に空洞ができます。そして、できた空洞を埋めようと意識が働くので、埋めるために言いすぎてしまうのです。

埋めるというのは、わかってほしいということ。

つまり、**自分のことをわかってほしい、認めてほしいから言いすぎてしまう**のです。

でも正直なところ、言葉は言えばいいというものではありません。

言葉にならないような微妙なニュアンスは、沈黙の中で感じ取ったほうが気づけることもありますよね。

ほかにも、自分を防衛するために言いすぎるケースもあります。相手に言わせないために、言いまくりシャットアウトする、という感じです。

ケンカをして感情的になったときにやりがちです。

いずれにせよ、言いすぎているなら、悪魔ちゃんに**「それは言いすぎだよ！ 言いすぎたところで、心の空洞は埋まらないよ」**とビシッと叱りましょう。

そして、**「本当はどうしたいの？」**と聞いてみてください。

本音がわかると、なんでも思ったことを言ってしまう自分を抑えられるようになり、バランスのいい自分になれます。

愛のある言葉と愛のない言葉のちがい

ときどき、思い浮かんだことをなんでも言うことを「本音」と思い、攻撃的な言葉を話す人がいますが、これは本音ではありません。

本音とは「愛から出たもの」。感情にまかせて出た言葉や相手を傷つけるために出た言葉であれば、それは本音ではないのです。

たとえば、「その髪型、ヘンだよ」と言った場合、思ったこと、感じたことをそのまま言っているにすぎません。

ここで言いたいのは、「相手にちゃんと気を使って言い方を変えましょう」とか「オブラートに包んで伝えましょう」ということではありません。

相手のことを考えて伝えた言葉なら、「愛」から出た言葉なので、きっとその言葉は結果的に相手の成長につながったり、気づきになったりするように、神さまがサポートしてくれます。

愛のある言葉（本音）と、愛のない言葉（不平不満）を使う人のちがいは、「自分に対して愛を持っているかどうか」です。

たとえば、ご主人から「お前はなんで家事も何にもやらないんだ！」と言われて、心の中で「あなたが手伝ってくれればいいじゃないの！」と思ったとします。

それを口に出して言うと、夫に反論されて面倒くさいことになるので、「ごめんなさい」と自分を貶める女性もいます。

その場はやり過ごせても、自分を貶めると不平不満がたまり、あとから不機嫌になったり、チクチク不満が出たりするものです。

もし自分や相手への愛があれば、「私もやれることはやっているけど、どうしても行き届かないことがあるの。だから一緒に手伝ってほしい」と勝ち負けではなく、自分の素直な気持ちでお願いできます。

厳しい話でも愛があればちゃんと伝わる

人は言葉の裏にある「思い」というバイブレーションを聴いています。

伝え方が下手だったとしても、自分を大事に扱っていると、「私を大切にしてくれないのは許さない」という思いが相手にしっかり伝わります。

本音は、自分への愛であり、相手への愛なので、相手に気づかせる力があります。愛がベースなので、後々必ずお互いのためになる言葉となるのです。

相手に言いたいことが出てきたら、それは愛に基づいた言葉なのかどうかをチェックしてみてください。

愛があれば、どんなに厳しい言葉でも必ず相手の心に届きます。

それと同時に、悪魔ちゃんも、「あ〜言ってくれてありがとう。スッキリした〜」と言って、愛の世界へ統合されていくはずです。

本音がわかると、奇跡が起きる！

感情をぶつけるのは、生ゴミを投げつけるのと同じ

今までずっとガマンして生きてきた人の場合、「自分の意見や思ったことを言うのが課題なんだ！」と知ると、反動で急にたがが外れて言いすぎてしまうなど、わがままな悪魔ちゃんが出てくるケースがあります。

「私は言いたいことをちゃんと言えるようになりました！」とすぐに思いがちですが、先ほどもお伝えしたように、**本当に言いたいことを言うのと、感情にまかせて言うことは別**です。

感情のままに怒りや悲しみをぶつけるのは、近くに落ちている生ゴミを相手にぶつ

けるようなもの。

すなわち自分の中でまだ消化されていない、わだかまりを相手に投げつけている悪魔ちゃんなのです。

それは、愛からの言葉でもなく、本音を言っているのでもなく、長年のストレスや抑圧されたものを投げつけているだけです。当然、相手も汚い生ゴミをぶつけられるのがイヤで、「やめて」と反発します。

感情をそのまま伝えると、ムッとされたり、反発されたり、関係が壊れたり、けんかに発展したりします。

「長い目で見たら、相手の学びになった

り、自分の本音を促されたり、もっと関係が深まる良いきっかけになるし、人生にムダなことはないのでは？」

そう考える人もいるかもしれません。でも、それはかなり都合の良い考え方。結果オーライなら良いのか？と言ったらそれは少々乱暴です。

言いたいことをなんでも言うのは、やはり相手を傷つけることにつながるので、本当に相手を思う愛からの言葉ではありません。

言うべきことを言えるタイミングが必ず来る！

けんかや相手を傷つけることを恐れて、自分の言いたいことも言えないのはちがう、という考え方も一理あります。

時には自分を貫き通すことは大切です。しかし、**ここで貫き通すものとは「感情」ではなく、あなたの「意思」から出た言葉**です。

沸いて出た言葉や態度を流れのままにぶつけるのは、愛という「意思」から出たものではない短絡的な悪魔ちゃんです。

だからもし、感情のまま生ゴミをぶつけていたのなら、最初は「言ってやった。勝った！」と思うかもしれませんが、心の中の神さまが、「言いすぎだよ」「やりすぎだよ」と正してくれるので、モヤモヤや後味の悪さが残ります。

そのあと素直に「ごめんなさい。言いすぎました」と言えるのは、相手や自分をも敬った言葉なので愛から出たものです。

「本音」は愛や神さまとつながっているので、自分も相手もわかり合えるようなことが起きたり、もしくはわかり合えないとしても後悔は残らず、お互いが本音によって次のステージに進むように促されたりします。

そしてこれが不思議なのですが、自分の中で本音にたどり着くと、相手にそれを言うタイミングや状況がセットアップされるのです。

こちらから声をかけてもいないのに、偶然会う機会ができるなど、神さまが最善最高の頃合いを見計らって、相手に本音をパッと言えるような流れが起きたりします。

まさに神の領域です。そしてそのタイミングが来たら、「今だ！」と自分でもわかるので、相手に濁りなく伝えられるのです。

お金を無心する親に本当に伝えたかったこと

自責と他責を繰り返す日々…

私自身、愛のある言葉なら伝わると実感した出来事がありました。

私の家は経済的に苦しく、私がお金を工面していたことがありました。けれど、当然のようにお金を無心する父親。そんな状況にイライラしながらも、しかたないとあきらめ、お金を出し続けていました。

しかし、お金を工面する状況がずっと繰り返されていることに対し、私は「もうやめたい、変えたい」と思っていました。そこで、自分の感情や本音を見つめるために、第3章の4つのステップの手順の通りに紙に書き出していくことにしました。

最初に**「ステップ1　受け入れられない思い＆怒り」**を書いていったとき、「なんで私が？」「他の子はこんなに苦労してないのに」「ひどい」「不公平だ」「こんな家に生まれたくなかった」というような認められない思いや、怒りが大爆発！

続けて書き出していくと、**「ステップ2　がっかり＆悲しみ」**が到来。

「かわいそうな私、こんな運命をたどって不幸だわ」とか「いったい何をしたいんだろう、悲劇すぎる」と自己陶酔とともにガッツリ悲しみが出てきました。

そのあとは**「ステップ3　いい子のフタ＆悪魔」**の登場です。

「もういいよ！　私が家族のために働いて一生すごせばいいんだわ」となげやりな態度や、人生へのあきらめ、ガマンすることで丸くおさめようとする思い、運命を受け入れればいいんでしょ、という主導権のない無関心さという「抑圧するような思い＝あきらめ＆いい子のフタ」。

そして、「ムカつく」「逃げ出したい」「いや、受け入れよう」「ありえない」「でも何もできない」「私がすべて悪いんだ」「いや、私は悪くない」「ばかやろう」「私をなんだと思ってるんだ」「一生懸命やってるのに、なんで神さまに見捨てられるんだ」などというように魑魅魍魎とした思いが出てきました。

この思いが、すべてを混乱させる悪魔ちゃんです。

ここで感情は行ったり来たり。時間をかけながら、自分の闇のブラックな思いに巻き込まれつつ、それらをひとつひとつ吐き出していきました。時には自分を正当化し、時には嘆く。そんな時間がぐるぐるします。

すると突然、**「私が本当に見たい世界はちがう。こんなことのために生まれて来たんじゃない」**と強く突き抜ける感覚が。賢くて大きな視点が動き出したのです。

ここで**「ステップ4　愛の一撃&神力発動」**です。

その言葉を皮切りに、悪魔ちゃんに「いいかげんにしなさい!」と愛の一撃を放ちました。

そして「私が本当に見たい世界はちがうよね。お金を渡して疲弊したいわけじゃないよね」と伝えると、悪魔ちゃんは「もっと愛してほしかっただけ。必要としてほしかっただけなの。だからお金を渡すことを引き換えに愛をもらってた。そうやって私を見てもらいたかったの」という本音が出てきたのです。

「私はただ、愛されたかったんだ。そして親をもっと愛したかったんだ。でもそれに気がつかないで、こじらせ続けてお金に愛をかぶせていたんだ」と気がつきました。

まさに「自作自演のドM劇場」だったのです。

「あなたを心の底から愛してる」

こうして深いところに眠っていた自分の本音に気づいたある日、実家が引っ越さなければならない事態に陥り、父はまた引っ越し代を請求してきました。

と、そのとき、私の中で高く積み上げてきた壁が崩れました。私はとっさに財布に入っていたお金を父の顔に投げつけ、

「このお金、使いたければ、使えばいいよ！　でも、私がここまでやっているのは、

お父さん、お母さんのことを愛しているからなんだよ。私は、あなたたちを幸せにしたいという思いで、ここまで走り続けてきた。それだけ愛しているんです。だから親だったら、今度は子どもからの愛を受け取って、しっかりしてください。それが私を愛するということです。それができないんだったら、私は報われません！」

と本音をぶつけました。そして、

「このお金は私からの愛です。だから、どうぞ使ってください。あなたを心の底から愛しているのでお渡しします」

と言って、お金を拾い、渡し直しました。

父親は私の言葉にハッとして、「ありがたく頂戴します」と言って受け取りました。

その瞬間、「私はこんなにも親をずっと愛している。だから、私の愛を受け取ってほしいという本音を言えてよかった……」と涙が溢れてきました。

そばにいた母と抱き合い、長い間こじれていた関係が修復されていったのです。

すべての出来事は神さまが用意したもの

それからしばらくして、なぜかわからないのですが、私自身の目指したい方向性や、やりたいことがどんどん明確になってきました。

必要な出会い、必要な出来事が不思議なくらい舞い込んできて、私自身のステージが一段、ふわっと上がったのです。

実際、父親との事件をきっかけに、家族関係も良好になってきて、私自身の仕事の面でも、全国から受講生が来てくださるようになりました。娘の保育園も無事に決まり、収入も増えていく……。思いはスムーズにタイミングよく叶っていきました。

こうした経験を通して、**神さまは本音を言わせるために、すべての出来事をセッティングしていていいるんだ**、と気がついたのです。

それから私は、自分の講座でこの「本音」、ずっと言いたかった愛の部分＝あなたの「ど真ん中（核）」をみなさんにお伝えし、体験してもらうようにしました。

すると、みなさん、「本当の願い」が叶い始め、自分らしさがどんどん発揮されていくではないですか！　これは、〇〇がほしい、という舌先のものではありません。

子どもの頃から、自分が自分であるために、ずっと探し求めてきた使命のようなものを手にしていきます。

しかし、使命を見つけるのはたやすいことではありません。その道中は苦しいです。

こうして自分と向き合って、根気強い自分への愛があってこそ、悪魔ちゃんと和解し、本当に人生を変える魔法の鍵になるんだなと思います。

多くの人は、カンタンにパパッとすぐに変わることに憧れますが、私たちはそんな軽い存在ではありません。

もっと時間とエネルギーをかけるだけの価値のある存在なのです。

人間は「素晴らしい自分」を恐れている

いい子のフタを突き破るには、大きなパワーが必要です。もういい子ではいられないような出来事がやってきます。

そして、悪魔ちゃんと向き合って本音に気づけたとき、心の奥に眠っている神力が発揮されて、奇跡のような出来事が舞い込むんだと確信しました。

私たちは誰もが、神力（サムシンググレート）を発動できる存在です。

なぜなら、ハートは神さまとつながっているから。

本音に気づけば、神力が現れるようになっています。でも、なかなかそこにたどり着けないのは、本当の自分を見るのが怖いから。

ブラックな自分を見たくないという、さらにその奥を見てみると、**「自分の手に負えなくなるくらい、素晴らしい自分」が出てくることを恐れている**のです。

だって、神の力を使える素晴らしい自分が出てきてしまったら、今までの常識は通用しなくなりますよね。

つまり、どんな状態であっても、今の自分に慣れているので、いつもの私を続けられなくなることが怖い、だから、なかなか奥深くまで見ようとしないんです。

でも、そこには今まで見たこともないようなたくさんの宝物が埋まっているのです。だから、いい子のフタを開けて、奥に隠れている本音をぜひ探り出してみてくださいね。

それこそが、人生すべて思い通りになる、神力を発動する秘訣なのですから。

友人関係も劇的に改善する

友だちのSNSを見て、モヤモヤするとき

第3章の4つのステップを使って、みなさんの悩みをひも解いていきましょう。

悪魔ちゃんが教えてくれる「本音」という鍵は、神さまのいる扉を開けて、もっとあなたを幸せに導きます。ここからは本音を探る事例を紹介します。

あなたの本音を導く参考になれば嬉しいです。

●SNSでかまってちゃん発信してる友だちを見るとモヤモヤするSさん

【ステップ1　受け入れられない思い&怒り】

はぁ？　信じられない。そんなことにＳＮＳを使うなんて。

なんですぐに人に頼るの？　この人って本当にそういうところあるよね。

イライラする。むかつく。自主性なさすぎ！　マジ引くんですけど。みんな相手にするはずないじゃんって思ってたのに、チヤホヤされて、キーッ！

なんなの？　いったい。

【ステップ２　がっかり＆悲しみ】

かまってちゃんにあきれた。一気に幻滅。一緒にいた私の時間を返して。見損なった。しかもかまってちゃんは自分を成長させる努力もしてないのに。こんなにいろんな勉強しているのに、かまってもらえない私がかわいそう。

私は言わないように、みんなに手をかけさせないようにしているのに。

【ステップ3　いい子のフタ&悪魔の登場】

●いい子のフタ

人によって価値観がちがうから、どんな人がいてもいいじゃない。相手の受け取り方までコントロールはできないのだから、気になるなら情報断ちすればいいのよ。こうして見下す自分を律していかないと。彼女もいっぱいいっぱいなんだから。かまってちゃんをしたいんだから、やらせてあげたらいいよね。いちいち戸惑うのは私に自分軸がないから。自分の気持ちを乗せないで良いのよ。人は人と解釈すればいい。自分が満たされていればいい。自分を愛していこう！その子にだって良い部分がいっぱいあるわよ。心の整理のしかたで納得しよう。

●悪魔の登場

イライラする。甘えるな。何も考えないですぐ人に聞く人ってむかつく。何甘えてんの？　バカじゃない。自分で考えなよ。浅はかだな。気持ち悪い。生理的にムリ。本当に依存女って苦手。自分がお姫様だと勘違いしてない？

私はこんなにがんばってるんだから。どうせ私はそうやって甘えられないし、かまってもらえない。こんなにガマンしてるのに報われない。もういいよ。どうせあの人ばっかりちやほやされるんだ。

みんな彼女がかわいいんでしょ。私なんてどうでもいいんでしょ。

私は耐え忍べばいいんでしょ。はい、自分のことは自分でやりますとも。

こんなに私は自分で自分を制しているのに、甘えてばかりのあの子はみんなにちやほやされてズル～い。私は遠慮してるのに。ガマンしてるのに！

ぶりっ子って中学のときに言われてからずっと傷ついて、人に頼らず生きてきたのに。

【ステップ4　愛の一撃&神力発動】

●愛の一撃

あなただってみんなから愛されているよね。でも、思ったような優しさがもらえないからってひねくれてちゃだめだよ。あなたがみんなに甘えていないだけでしょ。

上から目線になってない？　教えてやろう、とか自分の正しさで自分を見てしまうのはちがうよ。

神力発動（本音）

私だって、かまってほしい。大丈夫って言ってもらいたい。自分のことを認めたいし、人からも認められたい。思ったことをそのまま素直に出したい。もっとわがままでいたいし、たくさんのことを伝えていきたいし、お姫様でいたい。受け入れてほしい。ダメな私もどんな私も。できる私じゃなくても、「かわいいよ。チャーミングだよ」って言ってほしい。

みんなとかかわりながら、意見も交換しながら、自分の思いをお互い言い合える世界を持ちたいの。

もっと愛されていい！　私は本当は人に甘えたい。そんなかわいい自分を許して、もっと出していきたいの。突き抜けたい。嫌われる勇気を持ちたい。遠慮なく人に頼りたい‼

↓本当に伝えたいこと（愛からの言葉）

かまってちゃん発信する友だちにストレートな思いを伝えていないものの、自分の本音を知り、素直に人に頼る努力を始めた。そして、周りの友だちに「私を仲間だと思ってくれる？　友だちでいてくれる？　好きでいてくれる？」と聞いたところ、みんな「もちろんだよ」と受け入れてくれ、自分は愛されていると感じた。

【結果】

人づきあいが少しずつ変わり、より自分に素直になっていき、日常の葛藤が減っていった。

すると、周りがより協力的になり、Sさんの思いや夢を叶えるために、一緒に取り組んでくれるようになり始めた。心の底からほしかった、なんでも話せる友だちが、すぐ側にたくさんいたことに気づけた。

このように自分を抑圧してきた悪魔ちゃんを認め、その奥の本音に進む勇気を持つと、本当に心から望んでいた現実を手にしていけるのです♡

次の章では、人生の設計図に配置してきたキーマン、「パートナー」や「大切な人」との関係から幸せを導いていきましょう。

悪魔ちゃん
ポイント4

悪魔ちゃんは
「あなたの本音」が
あなたの「真の願い」を叶える
最強の鍵だと知っている。
だから本音を言えるように
うまく物事を導いていく！

第5章

「最高のパートナーシップの種」は自分の中に

同じ失敗を繰り返すのは、そこに課題があるから

いつもフラれる、出会いがない、大事にしてもらえない…

・結婚したいのに、なかなか出会いがない……
・彼氏に大事にしてもらえない
・ここ10年ぐらい好きな人ができない
・いつも自分ばかりがガマンしてしまう
・片思いばかり……

恋愛に苦労している人もいるでしょう。

好きな人ができるたびに、「絶対、今度こそ、運命の人！」と思い、のめりこんでしまったり、好みでない男性から口説かれて、なりゆきで体の関係を持ったら好きになってしまったというように、いわゆる惚れっぽいタイプの人もいます。

そういう人は、自分の心にぽっかり穴が空いているので、少し優しくされると好きになり、心の穴にその人を入れようとしているのです。


愛は育てるもの、という表現をしますが、恋に関しては、「恋に落ちた」という表現をしますよね。これは、理屈抜きに好きになってしまうものだから。頭でコントロールしようとしても、落ちてしまうんです。

どんなに周りが「やめたほうがいい」と引き止めても、燃え上がっている2人を引き離すことはできません。

それくらい恋心とは強いもの。**離れようとしても、あきらめようとしても、あきらめられない。だからこそ、自分が研磨される一番のレッスン**とも言えるのです。

なぜ、そんなに恋心は強力なのかというと、「本能」だから。自分に必要な人がパズルのピースのように引き寄せられるので、吸引力がもっとも強いのです。

ダメ恋愛は運命の人と出会うための布石

いつも同じパターンで失敗するという場合は、それこそ、「あなたの課題だよ」というサインです。

たとえば、いつも片思いで、好きな人がいても告白できずに終わってしまうという場合は、相手の反応に関係なく「自分の気持ちを伝える」という課題があります。

自分の思いを言わない、気づかれないようにするというのは、傷つきたくないので自己開示できない状態です。本当のことを言って嫌われたり、傷ついたり、関係が壊れたりするのが怖くて言えないのです。

だからこそ、いつも片思いするようになっているし、好きになる人もあなたの好意に気づいていても簡単にアプローチしてこない人だったりします。つまり、あなたから本当の気持ちを言わないと先に進めない状況を、自分でつくっているのです。

このように、恋愛は自分の無意識の在り方が大きく出ます。

それを「私って恋愛運がない」と言ってすませたり、うまくいかないとすぐ別れてコロコロ相手を変えたり、相手のせいにしてあきらめたりするのは、すべて悪魔ちゃんの仕業！

ここでも悪魔ちゃんとしっかり向き合うことが大事になってきます。

自分が納得するまでぶつかって、失恋して、痛い思いをしてはじめて、相手がダメ男だったわけじゃなくて自分に問題があるのかもしれない、と思えるのです。

早く運命の人に出会いたいと思いますよね。その一歩としてあなたが今のステージをやりきらなければ次に進むことはできません。

やりきるとは、自分の中に何かがあると気づき、自分とのパートナーシップを結ぶこと。起こる出来事は自分の投影ですから、**自分自身と良好なパートナーシップが結べれば、魂の絆を持つ相手が現れる**わけです。

そういう意味でいえば、ダメ男だと思っていた人も、あなたを運命の人との出会いに導くための課題に気づかせるソウルメイトなのです。

すべて委ねられたとき、「最高のパートナー」が現れる

自分の中でやれることをやりきると、不思議なことに、「彼氏がいてもいいし、いなくてもいい。どっちでもいい。結婚する必要があれば必ず出会えるから、今は自分のやるべきことをまっとうしよう」という状態になります。

このように、すべて委ねられたときにはじめて、最高のパートナーが現れるのです。

ただし、意識を放つとそこにエネルギーが集まるので、本当に彼氏がほしいなら、「ほしい」と願うことは必要です。

願うときは、どういう人に出会いたいのか、その人とどこに向かっていきたいのかなど、ビジョンを持って「願いの矢」を放ってください。

なんとなく「彼氏がほしい～」と思って矢を放っても、なかなかうまくいきません。

年収はいくら、どんな仕事に就いている人など、条件で相手を選ばないこと。条件は全部外側のことだからです。

しかも出会えないからと妥協して条件を下げるのは、自分の価値を下げることになります。そうした中で出会っても、あなたもしっくりこないでしょう。

神さまにお願いするときも、なんとなく「オススメな人を……」とお願いしても、神さまからすると、どうすればいいのかわからないのが実像です。

ポイントは自分の心が喜び、思いやビジョンが広がっていくような人です。

なぜなら、魂の目的は喜びと広がり、進化と成長だからです。

自分自身を知って、どんな人とどんな人生を歩んでいきたいのか、ハッキリしたビジョンを持って矢を放てば、必ず願った人が現れます。

そのためにも、パートナーに本音でぶつかって、自分が本当に求める人はどんな人なのか、そして自分とはどんな人なのか、何を大切にして、何を求めているのか、外側の条件ではなく、心の奥の思いを知ることが大切なのです。

自信がなくて出会えない人へ

「容姿のせいでフラれた」と思いたい!?

出会いたいけれど、自分の容姿や年齢に自信がないから、といってためらってしまう方も多くいますね。

恋愛前、恋愛中、いずれにしても自分の外見が気になるものです。

目が一重だから、肌がカサカサだから、顔がかわいくないから、年齢がいってるから……。いろいろ理由をつけて、異性に積極的にアタックできないと悩んでいる女性もいます。

端から見るとてもかわいいのに、やたら目を大きくしようとアイメイクをがんばったり、全然太っていないのに「もっとやせなきゃ」とダイエットをしたり、写メは加工をしないと人に見せられなかったり……。

婚活がうまくいかない原因を、「美人じゃないからモテないんだ。女優みたいに可愛かったら、とっくにプロポーズされて結婚しているのに」など、容姿のせいにしている人もいるでしょう。

たとえば、過去に彼氏から「もっとお前、やせたほうがいいよ」「一重で目が腫れぼったいね」などと言われたりした場合、彼氏は悪気があったわけではなく、ただ何気なく言っただけかもしれません。

でも、そんな出来事があったあとにフラれたりすると、「やっぱり太っていたからフラれたんだ」「一重だったから嫌われたんだ」と勝手に解釈してしまいます。

本当は、容姿ではなく、考え方が後ろ向きだったことや、価値観が合わないことからフラれたのかもしれないけど、人は自分の悪魔ちゃんを直視したくないので、容姿がダメでフラれたんだとひもづけて逃げてしまうのです。

なぜ容姿のせいにするかと言うと、容姿は持って生まれたものなので、整形でもしないかぎり、変えられない。すなわち、「しょうがないじゃん」と容姿のせいにすると、自己責任を取らずにすみ、ラクチンなのです。

本当は「ありのままの自分」を愛してほしいだけ

でも、こうして卑屈になるのも悪魔ちゃんの仕業。

なぜ卑屈になってしまうのか、悪魔ちゃんの気持ちを聞いていくと、その奥に、「ありのままの自分を愛してほしい」という欲求が隠れています。

そこにたどり着くために、容姿を嫌うという設定をしてきたのです。

じつは、自分の容姿に自信を持てない人ほど「私のことを見てほしい。素の私を愛してほしい」と思っています。

でも、**素の自分を受け入れていないので、相手もこんな自分を受け入れてくれるはずがないと思い、もっとキレイにならないと愛されないと思い込んでいる**のです。

なので、実際にそういう出来事が起こります。

そもそも、容姿も今世の自分の課題をより汲み取りやすいように、自分で選んできているのです。

そのことに気づけたら、自分の嫌っている部分を受け入れてみるのはどうでしょう?

すると、容姿という入り口を使って、あなたの人生の課題や成長するポイントが見えてきます。

それに気づいて「取り組もう」と人生を自分で動かしていくと、素のあなたを受け入れる男性がやってきます。

実際、ノーメイクでとくに服装も気に

していないタイプの女性でも、めちゃくちゃモテる人っていますよね。それは、人にどう見られるかよりも、自分のやりたいことに集中しているので、内側に宿るありのままの自分の輝きが増し、そんな彼女を好きだと思う人がたくさん現れ、引き寄せられるのです。

そのままのあなた、あなたの本質を大切にしてください。

そして、自分で自分の美しさを受け入れることから始めてくださいね♡

恋愛をブロックした地点を探す

恋愛がうまくいかない場合、根本的に解決したいのであれば、傷ついた発生地点を探すことが大事です。恋愛にブロックをした過去を探すのです。

見つけ方のコツは、「なぜ私は恋愛に臆病なんだろう」「男の人のどういうところが苦手なんだろう」というふうに、自分の気持ちを掘り起こして、自分に問いかけること。

すると、芋づる式に、「あのときかもしれない」「このときかもしれない」と過去

を思い出せるようになってきます。

もし、両親の仲が悪くてお父さんにいい思いを抱いていないとしたら、「お父さん＝世の男の人」のイメージをつくって、潜在意識に入り込んでしまっています。

また、お母さんがお父さんに苦しめられていた場合、そのときのお母さんの感情を自分のものと勘違いしている可能性もあるんです。

なぜなら、私たちはお母さんとつながっているからです。

とくに12歳まではお母さんの思いを自分の思いと混同していることも。

その場合は、悪魔ちゃんに、「**それは、あなたの感情じゃないよ。お母さんの感情だよ。だから、あなたが男の人やお父さんを嫌いになる必要はないんだよ**」と教えてあげましょう。

もし子どもの頃に、好意を寄せていた男の子の何気ないひとことに傷ついた過去があるなら、「**彼はあなたのことが嫌いでその言葉を言ったわけじゃないかもよ。もしかしたら、照れ隠しで言ったのかもしれないし、ただふざけて言っただけかもしれない。だからそこにいつまでも執着しなくても平気だよ**」と言ってあげましょう。

固執してはがれない悪魔ちゃんの気持ちを癒してあげると、スッキリして、次に進めるようになりますよ。

「魂カレ」は「今までの自分」を超えたときに現れる

今のあなたに必要な扉を開いてくれる人

運命の人にいつか出会いたい、と思っている方も多いようです。

ラブラブで最高に頼れる理想の彼氏をイメージするかもしれませんが、魂のつながりを持つ本当のパートナーとは、あなたが成長するために、厳しいことも、多少痛いことでも言ってくれる相手だと思います。

それは都合のいい人ではありません。今のあなたに必要な扉を開いてくれる人。

私は、そういう魂のつながりを持つ彼氏のことを**「魂《たま》カレ」**と呼んでいます。

魂カレに出会うために必要なこと、それは、**本音でぶつかること**です。

なぜなら、魂カレは、魂の望みを叶えてくれる人だからです。

魂は、この地球でさまざまな経験をして成長したい、自分の枠を超えたいという願望を持っています。その願望を一緒に叶える相手、それが魂カレなのです。

しかし、魂カレでよく勘違いされるのが、ツインレイやツインソウルという言葉。「私のツインは彼ですか？」という質問をよく受けます。語源は魂がより多くの経験をするために2つに分かれて、それぞれ成長するという意味です。

たしかに、2つに分かれた魂が今世で出会うとロマンチックですし、大きなエネルギーの渦が合わさって、人生の目的を共に達成するための影響力も持つので、ツインと思いたい気持ちはわかります。

しかし、じつは今の生活から抜け出したいがために、ちょっといいな♡と思った人を「私のツインだ」と思い込む例も多いのです。

やるべきことをちゃんとやっているか

好きな人に対して特別だと思う気持ちがあるのは当然ですが、たいてい、自分がやるべきことをやらず、イヤなことから脱出させてくれる相手＝ツイン＝好きな人と解釈してしまっています。これはあなたの中の悪魔ちゃん。

好きな人を逃げに使ったり、白馬に乗った王子様として捉えてしまっては、あなたの成長になりません。

今自分のやるべきことをやっているかを見つめることが、魂のパートナーと出会うコツです。

厳しいようですが、地に足がついているか、よく自分の生き方と照らし合わせてみてくださいね。

魂カレは、あなた1人ではなし得ないことを、共に歩き2人で創造していくクリエーションの相手。

2人でいることで新しい価値観を生み出したり、友だちの輪が広がったり、子どもができて楽しい家庭を築いたりなど、人生がどんどん深まっていきます。

または、あなたがずっと人生で逃げてきた課題を取り組ませようとしてくれます。

いずれにしても魂のスイッチを押してくれるのです。

「愛されない思い」と向き合うのが先決

魂カレと出会うには、自分の未消化な部分、つまり、悪魔ちゃんとしっかり向き合って、こじらせた悪魔ちゃんと仲直りしておくことが大切です。

たとえば、お母さんとの関係に問題を持っている場合、たいていは子どもの頃に十分向き合ってもらえず、さみしい思いをしています。

そのため、「あのとき、ちゃんとかまってほしかったのに、かまってくれなかった」という怒りがあります。そこに気づけているならば、第3、4章のワークをやって、ぜひお母さんに本音を話してみてください。

「私はお母さんのことが大好きだったから、お母さんの笑顔が見たくて、いい子をがんばってきたんだよ。それだけお母さんを愛しているんだよ」と。

大人になって面と向かってお母さんに言うのは、恥ずかしいかもしれませんが、あえて言葉にすることで、お母さんを愛するためにがんばってきた自分を許していけるのです。

心の中では「どうして、こんなに愛しているのに、わかってくれないの？」という、相手のせいにする悪魔ちゃんが渦巻いています。

でも、**「愛しているんだよ」と言葉にすることで、「わかってもらえない」という感情をからませずに、「私はお母さんのことを愛しているんだ」ということが腑に落ちます。**

ここがうまくできないから、彼氏や旦那さんに「もっと愛してほしい」というかわりに、こじれた感情を押しつけ、愛されているかどうかを測ってしまうのです。

恋愛をこじらせる根本原因の代表格が「お母さんとの関係」なので例としてあげましたが、あなたの状況によって、お父さんとの関係やきょうだい関係、過去の恋人との関係など、その相手は変わります。

いずれにせよ、ここで大切なことは、やっぱりその関係性、そして今目の前の相手を通して、自分の本音に気づいて、それを伝えるということなのです。

あなたが「下女」になったとたん、恋愛は破綻する

彼の愛の深さを測ろうとしてしまう

人は誰もが「あるがままの自分でいたい」と思っていますが、つい相手の顔色を見たり、相手に合わせたりして、なかなかあるがままではいかないもの。

そんな自分を軌道修正するために、あるがままの自分とは真逆の自分を設定して、問題を起こす人もいます。

20代のSさん。彼が自分のことをどれくらい愛してくれているのかを試すために「これができないってことは、私のことが好きじゃないってことだよね。じゃあ、別

れよう」と、すぐ別れを口に出していたそうです。

ところがあるとき、ケンカをして彼が激怒したことをきっかけに、「怒ってくれる＝愛されている」と感じ、愛されるために彼に尽くす女性に変わったと言います。

それまで外食が多かった食事も、彼のために一生懸命料理をつくるなど、急に尽くし始めました。

すると、それまで自分に対して尽くしてくれていたはずの彼が、一転してモラハラをするようになり、結局別れに至ったそうです。

女王様から下女に……。

Sさんは、最初はワガママを言い、それに彼が応えてくれるかどうかで彼の愛の深さを測っていたのですが、「真剣に怒られること＝愛」と捉えたことで、今度は「彼に尽くして、彼の愛の深さを測ろう」と方向転換したのです。

でも、もともと女王様としもべという上下関係のある恋愛関係。それが逆転して、王様と下女になったわけですから、うまくいくわけがありません。

では、なぜこうした問題が浮き上がるのかというと、恋愛は「好かれたい」「嫌われたくない」という思いが強いので、上下関係に陥りやすいのです。

だからこそ、**恋愛やパートナーシップを通して、「あるがままの自分」に戻るように、アップダウンのある経験をして気づかせようと設定しているのです。**

あるがままの自分でいいと自分で認められたら、こうした問題は起こらなくなりますので、安心してくださいね♡

「特別な私じゃないと愛されない」

女王様のような高飛車な人と、下女のような自信がない人って、一見正反対に見えますよね。

でも、どちらも「自己肯定感が低い」という共通点を持っているのです。

人は、ありのままの自分を愛せないと、「特別な私じゃないと愛されない」と思い込み、本来の自分とはちがう部分をアピールして恩恵を受けようとしがちです。

そこに関与しているのが、自分の価値を低く見積る悪魔ちゃん。

「私は人とちがうのよ！」と相手を蹴落とし、特別性を発揮することで愛されようとする高飛車タイプもいれば、「私はダメな人だから」「私には無理だから」と自分を卑下して、尽くすことで愛されようとするタイプに分かれます。

でも、「できる私」で愛される方法をとるのか、「できない私」で愛される方法をとるのか、どちらにしても自己肯定感の低さは変わりません。

「本来の自分ではいけない」と思う気持ちは、すべて悪魔ちゃんです。

自己肯定感が低いと、今の自分ではない何者かになろうとするので、キレイでいないと愛されないとか、いい子でいないと愛されないといったふうに、「何者か」になろうとします。

そうやって、立派な自分を目指したり、ダメな自分で同情を買ったりするのですが、本当はそういうことがしたいわけではないのです。

何者にもならなくても、そのままでいい、ある意味今の自分に降参して、あきらめて受け入れると、悪魔ちゃんは成仏され、心から落ち着くことができます。

悪魔ちゃんに支配されると、本当の自分を見失ってしまいます。

そうならないためにも、「何者かにならないと自分はダメだ」と言う、悪魔ちゃんと向き合うことは最重要課題です。

相手の愛を試してしまうような場合、悪魔ちゃんは「私を愛して！　愛が足りない！」と怒っている状態。

まずは、**「悲しかったね。さみしかったよね」**と寄り添って癒してあげましょう。

それでも変わらなかったら**「あなたは、下女でも高飛車でもないのよ。ちゃんと自分がいる位置を見つけなさい！」**と叱ってあげましょう。

そのうえで、**「あなたは、どんな自分でいたいの？」「どうしたいの？」「どんな自分だと心地いいの？」**と聞いてあげながら、悪魔ちゃんを導いてあげるのです。

叱るだけじゃなくて決めるところもちゃんと促してあげる。
逆に褒めるところは褒める！
まさに子育てをする感覚で悪魔ちゃんと接していきましょう。

苦しい恋から抜け出すために

「私は粗末にされていい存在じゃない！」

いつも浮気される、いつも自分がお金を払っている、不倫の恋にハマっている、下女になってしまっている、など不満に思っているのに、誰とつきあっても同じパターンになる人がいます。

そういう人は、**「粗末な扱いをされてイヤだった」という感情にフタをしています。**

悪魔ちゃんが怒りとなってたまっているので、「本当にイヤだったね。つらかったね」とその感情に寄り添ってあげましょう。それでもひねくれていたら、「あなたは粗末な扱いをされていい存在じゃないのよ！」と叱ってあげましょう。

そうやって、とことん悪魔ちゃんにつきあうと、その部分に光がさしてきます。

自分の本音に気づかないと、悪魔ちゃんが暴れて、いつまでもネガティブな出来事が巡ってきます。

本当の自分の思いに気づき、それを叶えるには、相当なエネルギーが必要です。

今まで、強力な「いい子のフタ」をしていたのですから、そこを突き抜けるには、大きなエネルギーが欠かせません。

だからこそ、怒りでワナワナ震えるようなことが起こるようにセットされています。まるで目覚まし時計のアラームのように。その怒りを突き破るエネルギーに変えるためにです。

「イヤなこと」からは逃げたほうが、自分を変えなくていいのでラクちんですよね。

でも、逃げたら必ず、また同じ状況に陥るだけです。気づかせるために、さらに大きなことになってやってきます。

大切なことは**自分の本音を探って、相手にちゃんと伝える**ということ。そのために、いろいろな出来事が起きているだけなんです。

この状況、俯瞰してみるとかなりドMです（笑）。

ドMなあなたはいませんか？　痛気持ちいい♡なんて言っていませんか？

まずはそこに気づくことから始めてください。

結論を急がせるのは悪魔ちゃんの仕業

第3章でもお話ししましたが、子どもの頃、お母さんが忙しくて甘えたいのに来てくれなかったり、いつも忙しそうにしているのを見ていたりすると、「どうせ泣いてもきてくれない」「どうせ話しても聞いてくれない」「どうせ私がガマンすればいいんでしょ」というふうに、自らあきらめるクセがついてしまいます。

そして、「お母さんは、私のことが嫌い」と思い込むのです。

恋愛でも相手に「どうせ嫌われている」が前提になるので、自ら関係を切ることで、傷つく程度を最小限に抑えようと、とにかく結果を急ぎます。

だから、「私たちはつきあってるの？」「恋人同士なの？」と相手に結論を急がせる、重い女になってしまうのです。

こういう場合は、赤ちゃんの自分（＝悪魔ちゃん）に会いにいって、**「今、お母さんは忙しいだけなの。あなたが嫌いだからじゃないの。忙しいだけなのよ」**と諭します。

赤ちゃんの視点は狭いので、自分のことしか考えられません。「泣いたらすぐ抱っこしてくれて当たり前でしょ！」と思っているので、「抱っこされないということは、愛されていないこと」と思ってしまうのです。

泣いたのに抱っこしてもらえなかった……それは事実です。でも、**嫌いだから来てくれなかったわけではなく、ただ忙しかった**、というふうに、真実を捉え直しましょう。すると、結果を急ぐことなく、その状況を楽しめるようになれるのです。

嫌われたくなくて、本音が言えない……

お母さんとの関係が恋愛に引き継がれるケースも

イヤなことを言われたり、やりたくないことを押しつけられて、本当はイヤな思いをしているのに、ニコニコしてしまう人がいます。

これでは悪魔ちゃんが大暴走してしまいます！

なぜなら、いい子を演じていると、そこに大量のゴミや抑圧がたまるので、その重みに耐えられない悪魔ちゃんがうずくのです。

さらに、ここまで何度もお伝えしていますが、お母さんとのかかわり方は、とくに人間関係の基礎や悪魔ちゃんをこじらせる元になります。

お母さんを幸せにするためにいい子をしてきた人は、成長するにつれ、その対象がお母さんから友人やパートナーに変わります。

そして、言いたいことがあっても、相手が怒るだろう、相手が攻撃してくるだろう、と顔色をうかがうようになるので、何も言えなくなってしまうのです。


彼に不満があるけれど、きついことを言って嫌われるのはイヤだから言えない。2人の今後のことを話し合いたいけど、彼に嫌われたくないから言えない、今の状況を壊したくない……。こんなふうに関係が変わることを恐れているのです。

でも、それは本当に愛し愛されている関係でしょうか？

相手は本当のあなたを愛しているのでしょうか？


本音を言えない状態では、あなたが苦しくなるので、関係を長続きさせるのも困難でしょう。

本来、長続きするのは、素のあなたそのものを受け入れてくれる相手。

すなわち、自分が自分の素の姿を受け入れているか……というところに突き当たります。なぜなら、相手はあなたの深い思いを映し出しているからです。

でも、ありのままの自分を出して、嫌われるのが怖いので、不満があってもニコニコしていい人になっているのです。

「いい人を演じている」と気づくことが第一歩

ここで大事なのが、「私はダメなんだ」と自分を責めないこと。

言えなかった自分をまず許してあげてください。

「ああ、私、彼に嫌われたくなくて、いい人を演じてるな」と気づけているだけで、かなりいい線をいっています。

今まではいい人を演じていた自分に気づけなかったのに、気づけたということは、少し俯瞰できているということ。

そして、**「いい人じゃないと受け入れられないと思っていて、イヤだったね。それくらい自分の素を見せちゃダメだと思ってきたんだね」**と現在地を自分でわかってあげることが大切です。

思い込みに気づくことで、だんだん相手に引きずられなくなっていきます。

そして、素の自分の意思、思いを伝えなければいけないときは、必ずまた同じようなシチュエーションが起きるようになっていて、言えるまで何回も摩擦がやってきます。いいかげん、いい子ではいられないことが起きます。

彼はあなたに本音を出させるために、その役を引き受けてくれているのです。


言いたいことを言えない人にとって、本音を言うことは恐ろしいことに思えるかもしれません。でも、それがあなたの人生の課題。

本音をぶつけることで相手も気づきがあり、より固い結びつきができて、本当の意味で2人は次に進みます。ぜひ本音を言えるよう、少しずつ試してみてください。

ただ、前にもお話ししましたが、本音とは感情をそのままぶつけるわけではない
……ということだけは注意してくださいね。

どういう思いがあって言っているのかを大切にしてください。

私の娘は忙しい私への思いを本音を混ぜてよく伝えてくれるのですが、彼女はこんなふうに言っています。

「私は、ママがイライラしたり、話をあ〜、あ〜と流すのがイヤ。だってママのことが大好きだから。だからちゃんと見てほしいし、話を聞いてほしいの」

そう言われると、私もハッとして、「ごめんね、ちょっと仕事中心だったね」と反省できます。

ここで言う本音とは「イライラされるのがイヤ」ではなく、「大好きだからちゃんと見てほしい」というところです。

不満やそのときの感情を投げられるのとはちがい、受け取る側も本音だと心に響くのです。

結局、恋愛問題しかり、人間関係、仕事、お金、親子問題にせよ、みんなが求めているのは、あるがままの自分でいいと思えること。そんな感覚を、悪魔ちゃんにも教えてあげてください。

悪魔ちゃんと向き合えば、本物の信頼関係を築ける

「どうしてわかってくれないの!?」の裏にあるもの

恋愛、パートナーシップでは、悩みが深くなればなるほど、自分の醜いと思っている部分、隠したかった部分が出てきます。

これこそ悪魔ちゃんに向き合う大チャンスです！

ここで第3章の4つのステップを使った具体例を見ていきましょう。

●夫に意見を遮られたり、相談しても反論されたりして、感情をうまくコントロールできず、イライラするMさん

【ステップ1　受け入れられない思い＆怒り】

どうしてわかってくれないの？

あなたに言われたくない、怒りが止まらない。彼の過剰反応がムカつく。私をバカにしてるの？　イライラする、いったい何様よ！

【ステップ2　がっかり＆悲しみ】

彼とはこれ以上、わかり合うのは無理かもしれない……。私とはちがうから、通じ合えない、むなしい、すべてが悲しい。努力してもこの人は無理……。

【ステップ3　いい子のフタ＆悪魔の登場】

●いい子のフタ

いろんな考えの人がいるから受け入れないといけない。旦那さんはちがう考えの人なんだ。一緒にいるんだからこれでいい。頭で納得しよう。自分の感情をコントロールしなきゃ。ガマンすればいいんだ。これも人生の学びだ。

●悪魔の登場

許せない、私の言うことを聞けないなんて、男として失格、思いやりがなさすぎる、結婚しなければよかった。

私はがんばってる。私の苦しみがわからない度量の狭い人、私は悪くない。

気の利かないやつ。何も理解しようとしない。私ばっかり苦労する。こんな私だから意見を遮られるんだ。自分が嫌い、旦那も嫌い、人生失敗した。

【ステップ4　愛の一撃&神力発動】

●愛の一撃

旦那はちゃんと聞いてるでしょ？　愛してくれてるでしょ？　わがままばかり言ってないの。自分勝手だってわかってるでしょ？

●神力発動（本音）

頭ではわかってるけど、どうしていいかわからなくて、私も困っている。感情に流されてしまうから苦しい。旦那とは一緒にいたい、もっと仲良く通じ合えるようになりたい。もっと話を聞いてもらいたい。本当は彼との子どもがほしいし、楽しい結婚生活を送りたい。

↓本当に伝えたいこと（愛からの言葉）

「頭ではわかってるけど、自分の感情をコントロールできない。自分でもあなたの言葉を受け入れたいけど、受け入れられないからいろいろ言い返してしまう。でもあなたと一緒にこれからもやっていきたいの」

と旦那さんに伝えたところ、

「なるほど。そういうふうに思ってるなんて知らなかった。今までの、すぐイライラしたり、冷たくする行動が腑に落ちた。僕もどうしたらいいか考えてみるよ」

と前向きな言葉をもらえた。

【結果】

旦那さんに対するイライラがなくなって、お互いをわかり合おうとし始めた。

いかがでしょうか？

悪魔ちゃんは、愛の勘違いをしてしまって迷子になって、ふてくされている存在。こじらせて固まって動けないだけ。大人の視点、大きな視野で愛の捉え直しをし、勘違いをほどいてあげてください。

諭したり、叱ったりを繰り返すと、悪魔ちゃんも納得して神さまの元へ帰っていきます。

悪魔ちゃんが神さまの世界に帰ったということは、あなたの潜在意識も訂正されたということ。そうすると、現実も訂正されたものになってきます。

旦那さんがより理解をして、わかりやすく伝えてくれるかもしれません。

また、旦那さんとの関係を通して、あなたのみんなに誤解されやすい一面が治り、他の人間関係がスムーズになっていくかもしれません。

さらには自分自身の言いたいことをうまく伝えられるようになって、旦那さん以外の人に自分の本音を言っても、すんなり受け入れられるようになったり……。

感情のコントロールができるようになるだけでなく、本来望んでいた生き方が手渡されていくのです。

悪魔ちゃん
ポイント5

怒りや悲しみのエネルギーは
あなたを目覚めさせ
固いフタを突き破り
光へ向かわせる。
そのエネルギーの火つけ役が
悪魔ちゃん♡

第6章

心の闇と向き合えば、「本当にやりたいこと」が見つかる！

シンクロを極める！

直感が働くのはリラックスしているとき

直感に従えば、ほとんどのことがうまくいきます。

ただし、直感が働くには、やはり悪魔ちゃんと向き合って、ブラックな感情を丁寧に見ていくことが必要。

本当のことを言うと、**直感は誰でも働いているのですが、悪魔ちゃんが成仏されクリアにならないと見逃してしまいます。**

直感と感情の盛り上がりは異なるものです。

私たちは結果を求めすぎているため、ふとわき上がったことは「これぞ直感だ！」と思い込むときがありますが、勘違いのこともあるので、気をつけてください。

まず、直感が働くのは、自分の心にスペースがあり、静かな状況のとき。すなわち、リラックスしているときです。そのスペースをつくるには、さまざまな思いや感情をしっかり自分で聴いてあげ、受け入れることです。

聴くことにより、感情のおしゃべりがひと段落つき、悪魔ちゃんがワーワー大きな声で騒ぎ立てるのをやませることができます。

すると、直感という小さな声やサインもしっかりクリアに聞こえてきます。

また、心も整理されるので、スペースもでき、リラックスしてサインや直感も入りやすくなってきます。

直感は、自分が望んでいるものと直接関係のない形でやってくることが多くあります。たとえば、趣味で小説を書いている人が本を出版したいと思ったものの、何から始めればいいかわからない場合、「出版セミナーに行こう！」と思うことを直感だと思いがちです。

でも、そうではなくて、なぜだかわからないけど、唐突に「カフェに行こう」という思いが心に響き渡ったりするのが直感だったりするのです。

その直感に従うと、隣の席で話していた人が、本を出版した人同士で、本を出したときの話をしていたり、なんてことも。

そこで、「あの、私も少し話を聞かせてください」と一緒に話しているうちに、「私の知っている編集者さん、紹介してあげようか?」という話になって、本を出すルートができる、というようなシンクロが起きることはよくあります(笑)。

「運命の人!」と思っても飛びつかない

一方で、いい人に出会った!とテンションが上がると、「この人こそ運命の人!」と直感が教えてくれているように感じることがあります。

しかし、感情が盛り上がっているときほど、冷静に物事を見ることができないので、直感でないことも多いもの。悪魔ちゃんはとにかく騒ぎ立て、焦らせ、すぐに飛びつかせます。落ち着きがなく、待つことが苦手なのです。

こういうときは、いったん止まる。すぐに飛びつかないのがポイントです。

少し日にちをおいて寝かせてみましょう。

数日経ってもその異性への想いが、会ったときと同じ、もしくはじわじわと染み渡って広がるなら、運命の人かもしれません。いずれにしても、直感はそんなに派手なものではありません（笑）。


直感がわかるようになると、神さまは予兆を見せてくれることもあります。


2018年の3月に石川県の白山比咩《しらやまひめ》神社に行ったときのこと、そこの神さまから「2019年9月9日に、もう一度いらっしゃい」と言われたことがありました。

そのときは、なぜ1年半も先なんだろう？と思いましたが、あとになって、1年半の間に、自分に必要な魂の精神的成長が起こり、それが落ち着くのがこのタイミングだったと知りました。そういう意味では、予兆を教えてくれていたのです。

自分を知るほど、たくさんシンクロを感じることができるでしょう。

悪魔ちゃんと向き合って、心のお掃除をして、直感や予兆をたくさんキャッチしてくださいね。

与えられたことを全力でやりきらないかぎり、次の扉は開かない

やりたいことがないときは「そのままでいい」

「とくにやりたいこともなく就職して、気がついたら30歳。何かやりがいのある仕事に就きたいけど、それが何かもわからない。お金を稼がないと生活していけないから、しかたなく職場に通っている毎日……。どうしたらいいでしょうか？」

こういうお悩みをよく聞きます。

私は「そのままでいればいいですよ」とアドバイスします。

こう言うとみなさん驚きますが、**やりたいことが見つからないのなら、今与えられ**

ているることがあなたのやるべきことだと思います。

置かれた場所でしっかりやることが、今のあなたに必要なこと。それなのに、やりたいことがわからないから、起業したい、転職したいといっても、またそこで迷うだけです。

今目の前にあることを全力でやりきることが大切。しっかりやりきらないと、自分のやりたいこともわき上がりません。

ちなみに、「やりたいこと＝仕事」というわけではありません。

本当にやりたいこととは、子育てをすることかもしれないし、おいしいご飯をつくって家族の笑顔を見ることかもしれません。

仕事＝生きる価値、ではないのです。だから、職場で与えられた仕事はもちろん、家なら皿洗いでも、洗濯でも、掃除でも、今目の前にあることを一生懸命やることです。

なぜなら、**神さまはその人に合った部屋を与えるから**です。

たとえば、今私が4畳半のお部屋しか片付けられないのなら、神さまは4畳半の部屋を与えてくれて、そこが片付けられるようになったら8畳のお部屋、それが片付けられるようになったら10畳の部屋というふうに、成長に見合ったものをしっかり提示してくれます。

ですので、今目の前にあるものをやって、もうここは大丈夫だな、と思えたら、次の部屋に移行できるようになるのです。

目の前のことに愛を込めると、チャンスが舞い込む

相談者の中には、「今の仕事は楽しくないから辞めたい」と言う人もいます。

でも、やっぱり、働く意味があるから今ここで働いているのです。

すべて起こることはあなたに必要な課題。

ウキウキ、ワクワクすることでお金を稼ぎたいという気持ちはわかりますが、**まずは手渡されているふさわしいものを丁寧に、愛を込めて行いましょう。そうすると、その愛が大きくなり、チャンスが訪れたり、ワクワクするような仕事に出会ったりします。**

もちろん必要以上にガマンすることはありません。

不当な扱いやストレスがたまる場合は、自分を大切にして、場を変えることも大事です。

目の前の現象としっかり向き合っているのに、不当と感じることが多い、負担が大きすぎる、と感じたなら、そこから離れるタイミング。

不当なことにはハッキリ「ノー」と言う、自分を貫く課題がやってきているのです。

もし仕事を辞めようとしたときに、「私、ちょっと甘いかな？　都合よく考えすぎてるかな？」という気持ちが強く出てくるなら、「今のままのほうがいいよ〜」と悪魔ちゃんが手引きしている証拠です。

あなたの賢い部分は、ちゃんと違和感として、悪魔ちゃんのささやきが本音なのかを見極めています。

わずかな自分の中の違和感を都合よくかき消さないように注意してください。

なんと言っても悪魔ちゃんは声が大きく、ワーワー言うので、本音や内なる神さまの賢い言葉を聞こえにくくしてしまいます。

何度も何度も止まっては確かめる……これを繰り返していくと、自分の中の本当の答えがさらに見つかりますよ。

目の前のことに丁寧に、一生懸命取り組んでいる人に、神さまは必ず次のステージを用意してくれます。

私自身の話で言うと、入出金の管理など事務が苦手で、事務作業を始めると膨大な時間がかかってしまい、本業が手につかないことがありました。

私の様子を見た周りの人は、「ちがう人に任せればいいのに」と言いましたが、私は「もう手放していい時期になれば、必ず事務をしてくれる人が現れるはず」と思い、それまでは私が責任を持ってやるべきことをやろうと決めました。

そうしたら、やっぱりそういう人が現れました。

人事を尽くして天命を待つ、やるべきことをちゃんとやる。

目の前にたまったものをやっていれば、あとは神さまのはからいが起こり、あなたのステージが変化します。

人生に花を咲かせたいなら、とにかく行動する

まずは裏方から始めてみる

会社に雇われるのではなく、自分で仕事を始めたいという人もいるでしょう。

その考え、とてもステキです。しかし、いざ始めようとすると、勉強しなければならないこともたくさんあったりして、面倒くさくなり、「やりたいけどそう簡単にできるものじゃないし……」と悩んでいる人も多いです。

でも、**悩むのは「やりたいサイン」**。やりたくないなら、悩みませんから。

少しでもスキルを磨く勉強を進めていけばいいのです。

たとえば、セミナー講師になりたい、という夢があっても、仕事にできるほど、自分はまだ完璧ではないし……と躊躇してしまう人がほとんどです。

それなら、できるところから始めてみるのはどうでしょう?

今まで学んだところをみんなにシェアしたり、YouTubeで配信したり、裏方としてセミナー講師をしている友だちの受付をしたり、資料づくりを手伝ったりなど、やれることをコツコツやっていくのです。

そうやって、少しでもなりたい自分をイメージしながら、今できることを淡々と行動していると、「やっぱりやりたい」と思うかもしれないし、「これは自分に合わない」と思うかもしれません。

行動を起こすと、いろいろな葛藤も起こるでしょう。

そのたびに、「まだまだ私なんて」という自己憐憫や、言いわけばかり並べて一向にやらない悪魔ちゃんと向き合い、育てながら、自分の行きたい方向をすり合わせていくことになります。

この作業は、畑でたとえると、土を耕すこと。いい土をつくり、土台をしっかりつくってこそ、おいしい野菜ができる畑になりますよね。

それと同様に、行動を起こして自分と向き合い、悪魔ちゃんを見つけ、育ててください。

行動を起こさず、「やりたいけど……」とグズグズしているなら、それも悪魔ちゃんが騒いでいる証拠。悪魔ちゃんに**「やりたいことなら、言いわけを並べて後回しにしないで、しっかり一歩踏み出しなさい」**と一喝しましょう。

やると決めて、自分と向き合いながら努力をコツコツ続けていくと、それは3年後かもしれないし、5年後かもしれませんが、ある日突然、臨界点を迎えて急に才能が開花し始めます。まずは第一歩を悪魔ちゃんと向き合いながら、進んでくださいね。

使命はすぐには見つけられないようになっている

やりたいことがあるなら、それに向かって少しでも行動を起こし、自分の心の葛藤を見ていくことが大事と言いましたが、**本当にやりたいこと、いわゆる「使命」「天命」**

は、本音と同様、心の底に入っています。

なぜ、そんなに奥深いところにあるのかと言うと、それくらい純粋だからです。純粋ゆえに繊細。

簡単に見つかるところにあると、適当に扱われて壊れてしまいます。

「使命」「天命」とは、その人の個性を活かして行うもの。

だから自分を掘り下げない状態で、「それはおかしいんじゃない？」と言われると、すぐにしゅんと萎んでしまう可能性もありますよね。

でも、悪魔ちゃんと向き合い、自分の中にあるドロドロの感情をしっかり見つめたあとは、意識もクリアになります。

そのときにはじめて、本当に求めていたものがわかるようになっています。

この状態になれば周りになんと言われようと、迷わず突き進んでいくことができるのです。

使命、天命を見つけるためにも、自分と向き合うことは欠かせないのです。

「しっくり度」を基準に生きる

本当にほしいものだけを買う

魂が望むものがわからない、あれかな？　これかな？と迷う場合は、それを手にした自分や、そうなっている自分をイメージし、どれくらいしっくり、またはピッタリくるかを感じてみてください。

たとえば、洋服を買うとき、その服を着て喜んでいる自分をイメージしたり、試着したりします。そして、どれくらいしっくりピッタリきているのか、パーセントに置き換えてみましょう。

しっくり度80％以上なら、持つたびにワクワクしそうなので購入すればいいし、

50%以下なら購入しない、というふうにします。

「本当にしっくり、ピッタリきたものじゃないと買わない、やらない」と決めてください。

すると、自分の感覚センサーが上がるので、魂が望むものもキャッチしやすくなっていきます。その感度を自分の中で練習していくうちに、本当に魂の望むものを手にできるようになりますよ。

私は、お金は入ってくるだけ、いくらでも受け取ろうと思っています。

なぜそう思うのかと言うと、**「お金とは、神さまが私たちにわかりやすい形で送ってくれている愛」**だと思っているからです。

人間は、目に見えない愛がなかなかわからないので、神さまは、お金という物質で受け取りやすいように、愛を示してくれているのです。

けれども、どれだけでも受け取れるかというと、そういうわけではありません。自分がしっくり、ピッタリくる金額しか、結局は受け取れません。

以前、神さまに「年収ウン千万円ください」とお願いしたことがありました。そうしたら、「それ、ちがうよ。だって、しっくりピッタリきてないでしょ」と言われたのです。

せっかく神さまにお願いするのだからと高めに伝えたら、ちゃんとバレてました（笑）。その後、しっくりピッタリする金額を願ったところ、本当にその年収が入ってきたのです。

自分の年収は「感覚センサー」で決まる

感覚に合わない金額はなぜ叶わないかと言うと、自分の中でイメージできなければ0円と同じだからです。しっくりピッタリこなければ、入ってきません。

もし入ってきたとしても、すぐ散財するようなことが起きて、結局、手元には残らないのです。

そう考えると、自分の年収は、自分の心が決めているのです。

今以上の金額を受け取りたいなら、自分の枠を外すことが大切ですが、枠は無理に外さないこと。

たとえば、カウンセラーとして仕事を始めるにあたって、実績もないのに最初から1時間3万円で設定しても集客は難しいですよね。なぜなら、自分自身も「もらいすぎ」と思っているからです。

いくら自分に価値があると思っても、まずは自分自身がしっくりくる値段で始める。その後、どんどん上げていくというほうが、無理なく自分の枠を外していくことができます。


また、入ってくるお金は自分の価値を示している、と言いますが、自分には価値があると無理に思い込ませて、お金を使いすぎたり、高収入にこだわるのは悪魔ちゃんです。

本当に自分が思っている自分の価値を、必要以上に上げて、誰かの基準に合わせたり、無理したり、背伸びをしたりするのは、何かに惑わされています。

だからこそ、このような悪魔ちゃんのささやきではなく、本音やしっくりくる年収を自分で細かく探してみてください。

それは愛に根ざしている？ 恐怖に根ざしている？

私たちは、日々さまざまなことを考えながら、ずっと持ち続けている思考のクセがあります。それらは目に見えませんが、ある脳内物質を放っていると言われています。

私たちは意思を持つと、脳から神経ペプチドという伝達物質が放たれるそうです。

そして、その発したものが「愛」か「恐れ」かで、引き寄せるものが変わってくるのです。


たとえば、「お金がない」という問題が起こった場合、たいていの人は、「どうしよう、生活していけるかな」「これから生きていけるだろうか」など、恐怖にコネクトしてしまいます。

その結果、生活するのが困難になるような現実を引き寄せるのです。

しかし、「お金がない」という問題を「愛」にコネクトすることもできます！

お金がなくなったということは、「自分のエネルギーをやりたいことに向けて挑戦してみるチャンス！」と捉えることもできるし、「これまで誰にも頼らず生きてきたけれど、両親に頼ってみるためのいい機会」と、捉えることもできますよね♡

こうして、愛に基づいた意思を放てば愛が返ってくる。

だから、いつもの思考のクセでなく、本音を見ることが大切なのです。


私たちは自分にふりかかる問題を深刻に捉えがちです。

でも、先ほども話したようにそれらは、「おもり」として自分が持ってきたもの。

人間はもともとドMなので、意識していないと悪魔ちゃんに飼いならされてしまいます。けれども、**悪魔ちゃんはもともと愛の世界から来た存在なので、悪魔ちゃんが落ち着くと神さまへの道を示してくれる**のです。

だからこそ、愛にコネクトしてほしいのです。

先ほどのお金の例で言えば、安心感に包まれている前提で「自分はどう生きていきたいか」というビジョンを思い描いてみてください。

不安が消えて、やりたいことがクリアになっていく

「お金がなくて不安、と思っていたけれど、今住む家もあるし、仕事もあるし、特別困っていることはないかも」
「漠然とお金がほしいといつも思っていたけど、実は自分がほしいと思うものを自分にしっかり与えていないだけだったかもしれない」
「私は本当はカウンセラーみたいな人を助ける仕事がしたかったんだ」

自分の気持ちをしっかり見ていくと、不安感が消えて、やりたいことがハッキリしていきます。

不安の中身をよく見ると、本当はたいしたことではないのに、「お金がないと生きられない」という社会の雰囲気に振り回されているだけなのです。

私たちは今までと変わらないほうがラクなので、感情に惑わされて立ち往生する悪魔ちゃんの手をいつまでも握っていたがります。

でも、もしあなたが自分の人生を輝かせたいのなら、**愛の世界を信頼して、不安に意識を向けないことが大事**なのです。

魂が喜ぶことをすればすべてが流れ出す

愛が「お金」になって返ってくる

お金は、魂が喜ぶことに使うのがベストです。

しかし、生活費や養育費を稼ぐことに追われ、本当にほしいものにお金を使うのはなかなか難しいこと。だからこそ、本当に魂の望むことをして、お金持ちになりたい、という要求が私たちの中にあるのです。

お金持ちになる方法と言うと、投資の方法や貯金のしかた？と思うかもしれませんが、じつは、悪魔ちゃんと向き合って親と和解したり、夫婦関係を見直したり、子どもへ愛情を注いだりすることで、お金が回り出すのです。

第4章でもお伝えしましたが、これらの一見、お金とは関係ないようなことこそが、魂が望んでいるものなのです。

分離している魂が愛を経験する＝分かち合うことによって再びひとつになる。

すると、エネルギーが回り出すので、不思議とお金も回るようになるのです。

たとえば、ずっと確執のあった両親とのぎこちない関係を解消したり、意固地になって仲たがいしていた旦那さんに素直になろうと決めたり、子どもの愛を受け取ろうと心を新たにしたりする。

自分が本当に願っていることに向き合い、満たしていくと、そのエネルギーが3次元でお金という形に変わることはよくあります。

旦那さんのお給料が増えたり、転職話が舞い込んできて給料がアップしたり、思わぬところから臨時収入が飛び込んできたり、といったことが本当に起こるのです。

たいていの人は、お金と日常の出来事を切り離して考えています。

でも、お金もエネルギーですから、あらゆるものとつながっています。

自分の中の悪魔ちゃんをちゃんと見てあげて、滞っているエネルギーを解放していくと、流れがスムーズになって、あらゆることが整ってくるのです。

結局はいろいろな問題が散漫しているように見えて、すべては1本の木なのです。悪魔のインナーチャイルドはエネルギーの吹き出し口にいて、エネルギーを滞らせていますが、ここを癒すと、お金、恋愛、仕事のトラブルとして出てきている、ありとあらゆる問題から解き放たれ、すべての出来事がいい循環で巡るようになっていくのです。

お金がほしいからという理由で、身を粉にして疲弊しながら働いたり、起業したりしても、エネルギーが滞ったままではやっぱりつまずいてしまいます。

人生がブレイクスルーするとき

人生が飛躍する瞬間を「ブレイクスルーポイント」と言います。

このポイントは、成長曲線にとても似ていて、努力をし続けると、ある日突然、いろいろなことができるようになり、一気にちがうレベルに変化するというものです。

蝶は羽化《うか》する前に蛹《さなぎ》になりますが、蛹の中で神経や呼吸器以外はみんな溶け出し、クリーム状のドロドロの状態になるそうです。なぜなら「繁殖」という、大きな目的に備えて劇的に体を改造・リセットするからです。

これはまさに、自分の悪魔ちゃん（闇の部分）と向き合い、受け入れて、より自分を成長させ繁殖＝飛躍させていくようなもの。

決して悪魔ちゃんという闇をやっつけて、神さまや光を勝たせよう！ということではないのです。

大好きな人に言えなかったこと。ずっとあきらめていた思い、許せなくて苦しかったこと、悲しくて行き場のない涙。

これらを見つめることが闇に光を差し込ませ、光と闇を統合させていることにつながります。そして、わだかまりが自分の中で和解できたときにブレイクスルーが起こる。すなわち人生がちがうレベルに変化していくのです。

ずっと仲たがいしていた親友に、「あなたが大切だから、もっと良くなってほしくて、傷つけるようなことを言ったけど、今でも大好きだよ」とか、旦那さんに「あなたがいるだけでほっとする」など、あなたの「ど真ん中」を伝える。すると自分の思いが和解・統合されていくのです。

わだかまりが溶けたとき、状況が一変する

多くの人が、死ぬときに、「もっと家族や友人に感謝を伝えればよかった」と思うそうです。

愛している人に「愛している」と言いたい、一緒にいてくれた人に「いつもありがとう」と言いたい、そんな些細なことを口にできなかったために、人生の宿題を持ち越し、生まれ変わって愛の確認をしようとしています。しかも同じ相手とです。

生まれ変わってもまた失敗し、何百回、何千回と関係性を変えながら、その相手と生まれ変わりを繰り返しているのです。

だからこそ、わだかまりや後悔が和解されると、お金や、仕事など、エネルギーの滞りがスーッと消えます。あなたが使命・天命に向かうために、神さまがあらゆるギフトをもたらしながら人生を後押ししてくれるのです。

けれど、相手に「本音という愛」を伝えても関係が変わらないこともありますし、その思いを受け取ってもらえないこともあります。

相手が他界しているなど、会えなくて伝えられないこともありますよね。

でも、安心してください。

自分の中で和解・統合されると、あなたの状況や世界が変化します。イメージの中で相手に伝えるだけでも、十分変化していくのです。

なぜなら和解、統合のエネルギーとは「宇宙のはじまり・ワンネス」に戻っていくからです。

別の言い方をすると、神さまである自分を思い出すことになるので、神さまの力が発生し、あなたの人生がふわっとシフトします。

だからこそ、そこにたどり着くためには、悪魔ちゃんと向き合って、本音に気づくことが必要不可欠なのです。悪魔ちゃんは、大事なあなたの神さまを守るための愛のフタでもあるのです。

「もうひねくれたり、愛の勘違いをして神さまを必死に守らなくてもいいんだよ。自分の手に負えなくなるくらい、素晴らしい自分が出てくることを恐れていた私のためにずっとフタをしてくれてありがとう。

でも、神さまの力を受け取って、人生をシフトさせるのは怖くない。大丈夫だよ」

悪魔ちゃんの親であり、お姉ちゃんのあなたが悪魔ちゃんにそう伝えてあげる。

すると悪魔ちゃんは、あなたが最速で人生が好転していくのを手伝ってくれるのです。

奇跡は1人では起こせない

他人がいるから、自分と向き合える

本音は1人では気づけません。

イヤな人と向き合ったり、隠しておきたい恥ずかしい自分を出したりすることで、感情が揺り動かされて、本音が出てくるのです。

相手がいるから自分と向き合えるようになっている。殻は自分だけでは破れないのです。

考えてみてください。もし自分ひとりしかこの世界にいないとしたら、自分勝手にふるまえばいいのです。でも、相手がいるから気になって、自分の見せたくない部分を隠したりしますよね。そうやって、自分がわからなくなるからこそ、本当の自分を知りたいという気持ちがわき出てくるんです。

神社の本殿には「鏡」が置かれていますよね。「かがみ」の「が」をとると「かみ」。つまり、私たちは、「我＝悪魔ちゃん」を取ることで「神」になるのです。ただし、そのためには**誰かと話さないと、自分に「我」があることがわからないので、取ることもできない**のです。

自分の気持ちを話したり、自分を知ることは、心のメンテナンスとしてとても大事なことなのですね。

あなたには無限の可能性がある！

自己啓発やスピリチュアルを学んでいると、「イヤなことはやめたほうがいい」「つらい状況からは逃げたほうがいい」と教えられることがあります。

たしかに執着している場合は、手放したほうがいいこともたくさんあります。

でも、自分の都合のいいように解釈し、いい子のフタをしてイヤなことから逃げ回っていると、ちがう形で何度でもその問題は現れるようになっています。

私たちはこの世に生まれるときに、生きている間にクリアすべき問題を自分で設定してきたからです。

人生の設計図をつくって生まれてきているので、**「絶対に自分に向き合って、この問題を解決する」と腹をくくらないかぎり、そこから逃れられないようになっている**わけです。

もしくは、全力疾走で脇目も振らず、逃げ切るか。

でも逃げるのは相当疲れます（笑）。

そして、ありのままのあなたでいること。

弱い自分もどんな感情も、あらゆる現実も、良いことも悪いことも受け入れる。光も闇も、あくどい私も受け入れる。

途中でわがままになって判断が鈍ることも、もちろんあります。

そのとき、必ず悪魔ちゃんが出てきます。

けれど、大きな視点で自分を見て、正しく愛する。

そうやってひとつひとつを統合していくことで、あなたが本来持って生まれた「種」が芽を出していくのです。

大丈夫、ありのままのあなたはなんでもできる。無限の可能性がある。

だって神さまの源泉をちゃんと受け取っているのだから♡

安心して、悪魔ちゃんとつきあっていってくださいね！

悪魔ちゃん ポイント6

神さまと結ばれるのを
心底怖がっている私たち。
悪魔ちゃんは
そんな私たちを守りながら、
ちょいちょい揺さぶり本音を試し
ホントの私を教えてくれる♡

おわりに

私は、時間とは未来から流れていると思っています。

今、人生が思うようにいかず苦しんでいるとしたら、それは、本来の自分じゃないところを生きているよ！と未来が教えてくれているサイン。

悪魔ちゃんに向き合って、今を軌道修正しておけば、神さまに出会えてシンクロがたくさん起こるよということを未来が教えてくれているのです。


なかには、もっと優しい親のもとに生まれたかった、もっとお金持ちの家に生まれたかった、もっと美人に生まれたかったという人もいるでしょうし、自分で人生設計をしてきたといわれても、そうとは思えないという人もいるでしょう。

でも、人生には「起承転結」があって、たいていの人は「起」の部分で親を選んできています。

私の場合、今世は絵やデザインなどを描いて広めるということと、宇宙の真実を伝えるという使命があります。

私の父親は絵を描いていました。おそらく、使命に合わせて親を選んだのでしょう。

一方、宇宙の真実を伝えるという使命に対しては、うまくいかない人生のほうが都合がいいのです。なぜなら、本当に伝えたいことが最初から見つかると、人はそこに興味を示さないからです。何度やってもうまくいかなかったり、わからないからこそ、取り組みたくなる。そして、真理を追求していこうと思う。

なので、あえて「できない環境」を選ぶケースが多いのです。


地球は、相対性の世界、すなわち「陰と陽」「苦あれば楽あり」と2つの側面を持ち合わせています。ですから、本当にやりたいことほど、難しい環境だったり、悔しさを感じたり、認めてもらえなかったりと、あえて苦しみを知ることで、「私は本当にこれがやりたかったんだ」と気づくように設定しているのです。

親はそういう観点で選ぶので、わかり合えない親子関係のケースが多いのです。

こうして、不具合な人生をあえて選ぶことで、「私って、どう生きていけばいいんだろう?」と人生の問いを見つけるのです。

起承転結の「承」は、その問いを吟味します。なぜこの親を選んだのか、自分はなぜこの人生なのか、そのしくみを明らかにして理解していくことで、使命を知っていくのです。

そして「転」で、結婚や離婚、仕事の失敗、病気など人生の挫折が起き、「私はこう生きる」と方向性を決めていきます。

ここで自分をしっかりつかみ、自分を生きられるようになると、「結」で「この人生でよかったな」と実りを受け取るようになっているのです。

こんなふうに、人生は一連のストーリーになっているのですが、これは俯瞰する視点がないとなかなか見えてきません。その俯瞰の視点を与えるのが、悪魔ちゃんと向き合うことなのです。

言わば、悪魔ちゃんとは、あなたを愛に導く「陰」であり、「闇」の役割。

自分の中のブラックな部分を知ることが自分自身の統合で、本当の意味で自分を認め、あるがままの自分を愛していけるのです。

「自分を愛する＝人生がスムーズに進む」とはまさにこのこと。

生きている過程で悪魔ちゃんは無数に登場してきます。

それくらい、私たちは一生をかけても癒せないほどの罪悪感や問題を抱えて生きているのです。

ただ、悪魔ちゃんと向き合うたびに、その罪悪感が軽くなったり、いままで気にしていたものが気にならなくなったりと、成長し、より喜びを感じるようになっていきます。

ですから、悪魔ちゃんがいなくなることを目指す、というよりは、悪魔ちゃんとつきあい上手になっていく。悪魔ちゃんの存在を認めて仲良く手を取り合って、進んでいく。すると、ブレにくく、自分に戻りやすくなるのです。


こうして悪魔ちゃんとつきあいを深めていくと、いずれ神さまのエネルギーを使うようになっていきます。必要以上に自分を責めたり、よけいなことに悩まされなくなり、神さまとダイレクトに通じるようになってくるのです。

自分自身の居心地もよくなって、「私が私でよかったな～」と思えるようになることでしょう。

あなたの中の悪魔ちゃんと、ぜひ手をつないでみてください。

するとと、人生は大きく変わり、この親を、この人生を選んでよかった、と過去の自分を愛せるようになります。

そして、未来の自分も愛せます。

「私を選んでよかった」と、過去と未来のあなたが結ばれて、今の自分を愛することができるのです。

2020年　初夏　　長南華香